NOS VIES EN V

ANDRÉ BORI

Du même auteur :
Granlarge et Loncour, 2022
Grand ciel, 2023

À Pascal, mon grand frère.

Ouvrage publié sous la direction éditoriale de Mélanie Roland
Mise en page de Emma Descamps
Corrections orthographiques de Lou Jonas & Anne Cohen Beucher

www.alice-editions.be
ISBN 978-2-87426-560-0
EAN 9782874265600
Dépôt légal : D/2024/7641/05

Imprimé en France par La nouvelle imprimerie Laballery - 311172.
Cet ouvrage a été imprimé sur du papier issu de forêts gérées durablement.

NOS VIES EN VERRE

André Borbé

Illustrations de Marion Sonet

'ALICE
TERTIO

La table des matières placée au début de ce livre peut aider à saisir plus aisément le fil du récit.

Première partie – Saison claire

Deuxième partie – Saison obscure

En dépit de l'usage courant, la lettre « æ » se prononce aussi bien « è » que « é » dans ce roman.

PREMIÈRE PARTIE
SAISON CLAIRE

1
Hélène

— Hélène ?

Le ronron de la radio dans la salle de bain couvre la voix qui résonne au rez-de-chaussée.

— Hélène, répète sa mère, tu es prête ?

La femme enfile son pardessus et s'empare des clés posées sur le buffet. « *Il y a peut-être une île, ailleurs loin de tout repère* » fredonne la chanteuse dans le petit baffle qui s'essouffle.

— Hélène, j'y vais, OK ? À ce soir.

Elle ouvre la porte quand, à l'étage, le bruit de fond s'arrête enfin. La jeune fille surgit sur le palier, en sous-vêtements, les cheveux en bataille.

— Tu pars déjà, m'man ? Tu ne veux pas m'attendre une minute et me déposer en passant ?

— Non, il faut vraiment que j'y aille là, je suis en retard.

— Une petite minute ! dit l'adolescente en filant dans sa chambre.

Sa mère regarde sa montre et soupire.

— Ça fait un quart d'heure que tu dis qu'il y en a pour une minute.

Hélène reparaît en sautillant, une jambe à demi-enfilée dans son jean.

— Tu disais ? Je n'ai pas entendu.

— Je dis juste que j'y vais maintenant, je ne peux plus attendre. Bonne journée, ma chérie.

— À ce soir, m'man.

— Ne tarde pas ! lance sa mère en montant dans sa voiture. Ton bus passe dans dix minutes !

— Je sais, t'inquiète pas. Tu n'as pas oublié de me laisser de l'argent pour la cantine ?

Pour toute réponse, elle entend le véhicule qui s'éloigne. Elle jette un œil au réveil. 8 heures 04. Sa mère a raison, ce n'est pas gagné pour le bus.

Elle dévale les escaliers, déboule dans la cuisine. Quelques pièces de monnaie sont posées, bien visibles, sur la table que sa mère a débarrassée. Hélène les glisse dans la poche de son pantalon. Dans le hall d'entrée, elle chausse ses sandales, attrape son sac au passage, verrouille la porte et s'élance sur le trottoir.

La rue est déserte, ce n'est pas bon signe. Le mardi, elle croise toujours le petit rouquin à la tache de vin qui prend le 140 comme elle. Enfin… Quand elle est à l'heure ! Elle l'appelle ainsi, le gamin, parce qu'il a une marque de naissance sur l'arête du nez. Elle ne connaît pas son nom, ils ne se parlent jamais. Elle préfère. Il est un peu bizarre, très agité, nerveux. D'après ce qu'elle a pu observer, il va dans un établissement spécialisé, une école à deux pas de la sienne.

Un vent léger fait frissonner la frondaison des érables le long de la rue. Hélène accélère le pas, puis se met à courir. Son sac qui se balance en tout sens freine sa cadence et lui frappe la cuisse. Elle connaît par cœur le trottoir et les pièges à éviter pour épargner ses belles sandales bleues : dalles déchaussées sur la gauche, ordures à hauteur de la supérette, repaire à crottes de chien sur le coin d'herbe à l'angle du carrefour. Elle dépasse le dernier pâté de maisons. De là, elle peut apercevoir l'abribus.

Vide. Il n'y a plus personne. Elle l'a manqué. Elle ralentit sa course puis se laisse tomber lourdement sur la banquette en ôtant la sangle de son sac qui lui meurtrit l'épaule. *Bon, je prendrai le suivant*, se résigne-t-elle. *Même en n'ayant pas cours à la première heure, je parviens à arriver en retard ! Je vais prévenir les autres, inutile qu'elles m'attendent.* Elle sort son portable et envoie un texto.

Dans un soupir, elle chasse une mèche de cheveux qui lui cache la vue. À peine sortie de la douche, elle est déjà en nage, elle déteste ça. Quelle idée aussi, de l'avoir inscrite dans une école si loin de chez eux ! Ce n'est pourtant pas ce qui manque dans le quartier. Mais son père a été intraitable sur cette question, comme pour toutes les décisions qu'il prend, d'ailleurs. « C'est un excellent établissement ! J'y ai fait mes études, comme mon père avant moi, et ta tante Diane y enseigne. Je suis sûr que ça te conviendra très bien. » Sa mère n'est pas intervenue, alors Hélène n'a pas osé s'y opposer. Mais rien que d'y penser, elle sent le feu lui monter aux joues ; elle s'en veut souvent d'être si docile.

D'aussi loin qu'elle se souvienne, elle a toujours essayé de se conformer aux attentes de ses parents. Elle croyait qu'être sage aiderait à apaiser les tempêtes qu'il y avait à la maison. Elle revoit son père, le front soucieux, cherchant à tout contrôler, persuadé de bâtir l'avenir parfait pour sa fille. Avec le recul, il lui semble que cette obsession prenait le dessus sur l'affection qu'il lui témoignait.

Machinalement, elle se mordille la joue – elle fait toujours ça quand une pensée la tourmente – et ses lèvres chiffonnées font éclore une rose dans le jardin de son visage. Elle se dit qu'il doit être possible de choisir sa propre voie, ne pas se laisser imposer de destinée. Je deviendrai l'héroïne du roman de ma vie, se dit-elle, et cette idée la fait sourire, elle qui se trouve si peu aventureuse.

Ces derniers temps, Hélène est surtout éprise de liberté. Elle voudrait s'arracher au quotidien, qu'un événement survienne, la bouscule, la bouleverse. Or, justement ce matin l'atmosphère est empreinte de changement.

Une ambulance file toutes sirènes hurlantes en direction de l'hôpital Fleury. Hélène pense à sa mère qui travaille là. Elle trouve qu'elle n'aurait pas dû reprendre son poste aux urgences : trop de stress. Depuis, c'est aussi l'état d'urgence permanent à la maison. En ce qui la concerne, c'est clair, il est hors de question qu'elle fasse ce genre de métier plus tard.

L'ambulance disparaît et le calme revient ; rue de Lille, rien ne bouge. L'instant est figé dans une étrange immobilité. Hélène se sent portée par un souffle nouveau, une sensation indéfinissable dont elle ne connaissait pas la saveur. Il y a ce curieux parfum dans l'air, comme l'odeur du vent au bord de l'océan. Elle se laisse bercer, ferme les yeux. Juste le temps d'un battement de cils.

Il est 8 heures 12 minutes et 35 secondes. Deux secondes plus tard, rien ne sera plus jamais pareil.

2
Une sirène aux pieds bleus

Le ressac se faisait entendre au loin. Poussés par le vent, les embruns transportaient des effluves salés aux senteurs océanes. Haut dans le ciel, des oiseaux piaillaient ; leur plumage vert tendre contrastait avec leur bec orange. Le petit garçon s'approcha de la forme inerte étendue sur le sable. Il s'accroupit et la contempla un long moment. C'était une jeune fille. Ses cheveux bruns emmêlés lui masquaient en partie le visage ; malgré cela, l'enfant pouvait voir ses yeux grands ouverts. Ils étaient bruns, eux aussi, mais d'une teinte plus claire pour autant qu'il fut possible d'en juger, tant sa chevelure était imprégnée de sable et d'eau. Du bout des doigts, il lui toucha l'épaule. À travers l'étoffe trempée du tee-shirt, la peau était tiède. Il retira délicatement les algues qui la couvraient, puis se redressa.

— J'en ai trouvé une ! cria-t-il en direction de la forêt.

Un petit groupe apparut sur la plage. Des hommes, des femmes, jeunes et vieux – en tout une dizaine peut-être – vinrent tranquillement à sa rencontre. Ils formèrent un cercle autour de la naufragée et l'observèrent. Elle portait un jean étroit, ses jambes étaient croisées et ses bras tendus le long de son corps dessinaient comme des nageoires.

— On dirait une sirène, fit un colosse au visage d'enfant. Une sirène avec des jambes.

— C'est la première de la saison, déclara un homme vêtu d'un costume sombre.

— C'est moi qui l'ai trouvée ! dit fièrement le petit garçon à la peau noire.

— Et moi, j'ai trouvé ceci, renchérit une vieille dame dont les cheveux formaient un épais chignon.

Elle tenait dans sa main une sandale bleue qu'elle avait ramassée à quelques pas de là. Elle se pencha sur la jeune fille et l'enfila à son pied nu. Ensuite, l'homme en costume et le colosse l'installèrent sur une civière rudimentaire ; deux longs manches de bois reliés par un cordage serré. Ils la soulevèrent et l'emmenèrent vers la forêt, suivis par le reste du groupe.

L'enfant sautillait plus qu'il ne marchait pour suivre la cadence des deux porteurs.

— Comme c'est moi qui l'ai vue le premier, est-ce que je peux lui inventer un nom en attendant qu'on sache comment elle s'appelle ?

— D'accord Clæment, si tu veux, répondit l'homme en costume.

— Tu vas l'appeler comment ? demanda le colosse.

— « Sirène aux pieds bleus » !

Le grand fronça les sourcils :

— C'est un peu long comme prénom.

— Oui, dit le petit garçon, mais c'est joli.

— Oui, c'est joli, répéta le géant. Beaucoup.

3
Comment je m'appelle

Dans la lumière des sous-bois, la vieille dame au chignon était assise, silencieuse, sur un tapis de mousse. Elle cousait une poche sur le pan d'une robe tout en veillant sur la naufragée. La jeune fille gisait là, parfaitement immobile, les yeux fixés vers le ciel.

Soudain, son corps fut agité de légers soubresauts, comme si un flux électrique venait l'extirper de sa profonde léthargie. D'un mouvement brusque, elle se redressa sur les coudes.

— Où suis-je ? dit-elle, complètement éberluée.

La vieille dame lui adressa un sourire apaisant.

— Reste tranquille, tout va bien.

D'un geste lent, elle passa ses doigts sur le front de l'adolescente et fit glisser derrière son oreille une mèche de cheveux qui lui barrait le visage. Puis, elle lui tendit un verre d'eau. La jeune fille s'assit et but avec avidité. On aurait dit qu'elle n'avait rien avalé depuis une éternité. Lorsqu'elle eut fini, elle tourna son regard vers la vieille dame.

— Qui êtes-vous ?

— Je m'appelle Crystæl et j'habite sur l'île, comme toi désormais.

— Sur l'île ? Mais… qu'est-ce que je fais ici ?

La jeune fille s'était mise debout. Elle jetait des regards inquiets de tous côtés, essayant de reconnaître l'endroit où elle se trouvait. Une forêt luxuriante s'étendait autour d'elle. Les arbres élevaient leurs branches si haut vers le ciel qu'on avait peine à en distinguer la cime. À travers leur feuillage, le soleil dessinait des taches de lumière. Une mousse épaisse d'un vert profond couvrait le sol et grimpait sur les troncs jusqu'à plusieurs mètres de hauteur. Non loin de là, un jeune homme était occupé à ramasser du bois mort ; il l'empilait sur l'entrelacs de cordes qui avait servi de civière quelques heures plus tôt. Il se tourna vers elle et lui fit un signe de la main en guise de salut.

Voyant que l'adolescente frissonnait, la vieille dame prit une couverture dans un sac de toile et la déposa sur ses épaules.

— Merci, dit la jeune fille. J'ai si froid.

— Ce n'est que le début de la saison claire, il ne fait pas encore très chaud. Bientôt, le soleil va monter et la température sera plus agréable. Et puis, tu viens juste d'arriver, tes vêtements sont tout humides. Suis-moi, nous allons trouver de quoi te changer.

La jeune fille lui emboîta le pas. Elles quittèrent l'ombre de la canopée pour s'avancer en plein soleil. Partout autour, la plage s'étendait à perte de vue ; on apercevait à peine la ligne ténue des flots qui se confondait avec l'horizon. Elles évoluèrent en silence. L'adolescente marchait légèrement en retrait, les yeux dans le vague, perdue dans ses pensées. Brusquement, elle s'arrêta.

— Savez-vous comment je m'appelle ? En fait, je… Je ne parviens même pas à me souvenir de mon propre nom.

— C'est normal, ne t'inquiète pas. Personne ici ne connaît son nom en arrivant. Quand tu auras passé quelque temps parmi nous, on pourra deviner comment tu t'appelles.

— Deviner ?

— Oui, répondit la vieille dame. Chacun de nous possède un nom enfoui au fond de lui. Il faut attendre qu'on te connaisse suffisamment pour pouvoir le trouver.

— Mais, vous par exemple, vous avez deviné très vite comment vous vous appeliez ?

— On ne devine pas soi-même. Ce sont les autres qui le découvrent en nous observant. Au fond, ceux qui nous entourent savent parfois mieux que nous qui nous sommes, n'est-ce pas ?

La jeune fille hocha la tête.

— En revanche, toi, tu sais comment je me nomme. Et ce n'est pas parce que je suis une ancêtre que tu dois me vouvoyer ! Tout le monde se tutoie ici. Alors, appelle-moi par mon prénom, veux-tu ?

— D'accord, Crystæl.

— Voilà qui est mieux.

Elles se remirent à marcher.

— Ça fait longtemps que vous… Enfin, que tu es sur cette île ?

La dame âgée prit une inspiration avant de répondre, cherchant les mots précis pour s'exprimer.

— Le mot « temps » n'a pas vraiment de sens dans cet endroit, vois-tu. Mais je peux dire que j'ai déjà connu de nombreuses saisons claires.

— Qu'est-ce que c'est une « saison claire » ?

— Ici, il y a deux saisons : la saison claire où l'on assiste au retour de la lumière et de la chaleur, et la saison obscure, celle des grands froids, où il fait nuit en permanence.

— Il fait nuit pendant toute une saison ?

— C'est ça.

— Et, durant la saison claire, il fait jour tout le temps ? Tu veux dire qu'il y a constamment la lumière ?

— Oui, en effet.

— Mais alors, comment fait-on pour dormir ?

— On s'adapte au rythme que nous imposent les deux saisons. Mais, bien sûr, on n'attend pas qu'il fasse nuit pour dormir ni qu'il fasse jour pour se réveiller. Au début de la saison claire, nous dormons sous la tente, puis dans nos maisons de pierre lorsqu'elles sont remises en état ; et quand vient la saison obscure, nous montons au sommet de l'île, pour vivre dans les galeries.

— Dans des galeries, comme des lapins ? s'étonna la jeune fille.

— En quelque sorte, dit la vieille dame en souriant. En fait, ce sont des habitations troglodytes.

L'adolescente fit une moue perplexe.

— Inutile que je t'explique, poursuivit-elle. Tu découvriras tout ça en vivant ici.

Elles gravirent une dune. Un campement de toile avait été dressé en contrebas. Fixées sur des mâts, des voiles blanches offraient un abri contre l'éclat du soleil.

— À présent, viens, dit la dame âgée en reprenant son souffle. Je vais te donner des vêtements secs et de quoi faire un brin de toilette. Ensuite, nous irons retrouver les autres pour que tu fasses leur connaissance.

*

On avait allumé un grand feu sur la plage. Rassemblés autour, les habitants de l'île échangeaient sur un ton joyeux en préparant à manger. La jeune fille les rejoignit. Elle avait revêtu une longue robe de lin qui voletait à chacun de ses mouvements. Des odeurs de poissons grillés et d'herbes aromatiques lui parvinrent tandis qu'elle s'approchait. Elle prit soudain conscience que la faim lui tiraillait le ventre. Un enfant se détacha du groupe et vint à sa rencontre.

— Voilà « Sirène aux pieds bleus » ! lança-t-il.

Sans préambule, il lui prit la main et l'entraîna à sa suite. La jeune fille se laissa faire, elle le trouvait adorable ; il avait la peau noire et une jolie fossette au menton.

— Pourquoi m'appelles-tu « Sirène aux pieds bleus » ? demanda-t-elle d'un ton amusé.

— Tes sandales, dit le petit garçon en désignant ses pieds.

Il la fixait de ses grands yeux vifs.

— Ah, oui, bien sûr ! Et toi, tu es…

L'adolescente cherchait à lui attribuer un surnom.

— Je suis Clæment, dit-il.

— Eh bien, enchantée, Clæment. Moi, je suis…

Elle s'interrompit, l'air embarrassé.

— En fait, balbutia-t-elle, je ne sais pas comment je m'appelle.

— C'est normal ! Pour le moment, t'as pas de nom. On le connaîtra plus tard.

— Oui, c'est ce que m'a dit Crystæl.

— Elle, c'est la plus vieille personne de l'île. Et la plus gentille aussi, affirma le petit garçon.

— C'est vrai ?

— Oui, et puis il y a aussi Mæl qui est la plus gentille ! De toute façon, tout le monde essaie d'être gentil ici.

La jeune fille ne put s'empêcher de sourire à nouveau.

— Alors je suis contente d'être là !

— Moi aussi, répondit l'enfant, je suis content de t'avoir trouvée.

Comme ils se mêlaient au groupe, l'homme en costume se tourna vers l'adolescente et lui tendit la main.

— Bienvenue parmi nous. Je m'appelle Mærcy.

Son regard clair, son sourire franc rendaient d'emblée sa présence rassurante.

Derrière lui se tenait le colosse au visage d'enfant.

— Moi c'est Dæmon, dit-il en baissant les yeux.

Tous s'approchèrent pour se présenter.

— Salut, je suis Espæranza, dit une très belle jeune femme à la peau caramel.

L'adolescente remarqua qu'un oiseau rouge était tatoué sur son épaule droite.

— Moi c'est Græce, déclara une autre à la voix mélodieuse. Tu es ravissante dans cette robe !

Elle-même portait une tunique de couleur vive qui mettait en valeur ses courbes généreuses.

— Et moi, je m'appelle Mæl, dit une petite dame dont les yeux étrécis souriaient à la manière d'un chat.

Après que tous eurent défilé, le dernier à se présenter fut le garçon qu'elle avait aperçu en train de ramasser du bois, un peu plus tôt.

— Tu dois avoir très faim, lui dit-il.

La jeune fille acquiesça. Elle ne s'était pas rendu compte en le voyant de loin qu'il était aussi beau. Il devait avoir à peu près son âge, jugea-t-elle, peut-être un an ou deux de plus. Son nez fin, ses traits réguliers lui donnaient un air raffiné, presque arrogant, que venaient contredire des yeux très doux aux longs cils sombres. Sa chevelure noire de jais contrastait avec la pâleur de son visage.

Il lui tendit un quartier de fruit à la chair jaune et juteuse qui exhalait un parfum suave. Elle le croqua à pleines dents.

— Ça te plaît ?

— Délichieux, dit-elle, sans se soucier de parler la bouche pleine.

Il lui sourit.

— Je m'appelle Hæven, dit-il en la conviant près du feu. Le reste du groupe avait pris place pour le repas. On partagea ce qui avait été préparé, en mélangeant le sucré et le salé, les poissons et les fruits, au gré des plateaux qui passaient de main en main et dans lesquels chacun se servait avec les doigts, en toute simplicité.

Dans le ciel, le soleil n'avait pas bougé d'un pouce, mais l'air avait fraîchi. Hæven rechargea le feu à plusieurs reprises. Quand il ne resta plus que de la braise et des cendres, les habitants de l'île regagnèrent le camp de toile pour se coucher. Comme une berceuse accompagnant leur sommeil, une brise marine chantait dans le lointain.

4
Raymond

— Raymond ?

La voix résonne dans le couloir, tandis que l'enseignante quitte la salle des profs et se dirige d'un pas vif vers son collègue. L'homme se tourne vers elle.

— Ah ! Salut, Diane.

— Dis donc, félicitations pour ton intervention sur Radio-Canada hier soir ! s'enthousiasme-t-elle.

— Oh, merci, répond le professeur de français en rougissant légèrement.

Derrière ses lunettes en demi-lunes, ses yeux brillent de fierté. Il rajuste le foulard de soie multicolore qu'il porte autour du cou.

— Tu as écouté l'émission ? Je n'aurais pas cru que le sujet t'intéresse.

— Honnêtement, je suis tombée dessus un peu par hasard. L'intitulé « Slam, parole urbaine », ça ne me disait rien. Mais quand j'ai entendu qu'on citait ton nom parmi les invités, j'y ai prêté une oreille plus attentive. Et franchement, j'ai trouvé les échanges vraiment intéressants.

— Chic alors ! s'exclame Raymond. Entre nous, j'avais un trac de folie. Quand mon tour est venu de prendre la parole, je te jure, j'ai cru que j'allais défaillir !

— Eh bien, ça ne s'est pas entendu, le rassure-t-elle. Je t'ai trouvé très éloquent, sincèrement.

— Ton compliment me va droit au cœur, Diane. Il redonne de l'éclat à cette pâle matinée.

— Ah ! Voici le retour du professeur Rimbaud, le raille-t-elle gentiment. Bon allez, je file, je dois encore passer au secrétariat avant ma première heure de classe.

— Eh bien va, ma belle amie, lance-t-il avec emphase tandis que sa collègue s'éloigne.

Il lève les yeux vers l'horloge. *L'heure est venue d'aller insuffler le goût de la poésie à mes adorables cancres*, se dit-il, le sourire au lèvres. Il a toujours aimé enseigner, partager sa passion pour la littérature, mais aujourd'hui plus que jamais, il se sent chargé d'une mission. Tout guilleret, le menton haut, il monte les escaliers comme s'il gravissait les marches d'un podium.

5
Le prince des cimes

La jeune fille ouvrit les yeux. Elle entendait une voix très mélodieuse dans le lointain, un air qu'il lui semblait connaître. « *Il y a peut-être une île ailleurs un autre univers…* » Le souvenir s'estompa lorsqu'elle se redressa.

Durant son sommeil, un soleil aveuglant avait dessiné des taches enflammées sur sa rétine, derrière ses paupières closes. Il lui fallut plusieurs secondes avant que sa vue ne s'adapte à la lumière éblouissante. À tâtons, elle enfila son jean et ses sandales. Lorsqu'elle fut en mesure de garder les yeux ouverts, elle chercha Crystæl. Sous la tente, chacun possédait son petit compartiment privé séparé des autres par une simple cloison de tulle ; une sorte de chambrette exiguë, avec une couchette et un coffre où entreposer ses affaires. Le lit de la vieille dame était vide et les couvertures soigneusement repliées. L'adolescente quitta le camp de toile et se rendit sur la plage. Elle n'avait aucune idée du temps qu'elle avait passé à dormir, mais elle sentait que son corps était reposé.

Elle trouva Crystæl, immobile et silencieuse, assise en tailleur près du feu éteint. Au bord de l'eau, Græce ramassait des coquillages en chantant.

— Quelle voix magnifique, n'est-ce pas ? dit la vieille dame, admirative.

L'adolescente hocha la tête. Sans qu'elle en comprenne la raison, ce chant la bouleversait, au point qu'elle en avait la gorge nouée.

— De qui est cette chanson ? demanda-t-elle.

— C'est un air inventé par Græce pour son ami Rænbow. Les paroles sont de lui. Une histoire… de vies parallèles, il me semble. Elle la fredonne souvent quand son souvenir resurgit.

Crystæl releva la tête et scruta le ciel.

— C'était quelqu'un de bien, reprit-elle. Un homme attentionné, délicat, un poète à sa façon.

— Il est mort il y a longtemps ?

— Il n'est pas mort, il a simplement quitté l'île.

La jeune fille voulut lui demander pourquoi, mais elle fut interrompue par l'arrivée d'Hæven qui leur tendait un panier garni de baies.

— On vient juste de les cueillir ! lança-t-il. Vous en voulez ?

— Merci, dit Crystæl en se levant. Je vous laisse, je vais donner un coup de main à Mæl pour laver le linge.

La vieille dame s'éloigna tandis qu'Hæven prenait place à côté de l'adolescente. Il paraissait heureux de la revoir.

— Tu as bien dormi ? demanda-t-il.

— Très bien, oui. Et même… trop peut-être ? hésita-t-elle, constatant que plusieurs d'entre eux s'activaient déjà.

— Oh, tu sais, chacun vit à son rythme ici. On essaie juste d'accomplir les tâches distribuées par Mærcy, pour que chacun fasse sa part.

— Mærcy, c'est bien l'homme en costume ?

Hæven acquiesça.

— C'est le chef de l'île ?

— Oh non ! lâcha-t-il, sur un ton amusé. Chacun est libre de faire ce qu'il veut. Mais puisqu'on vit ensemble, on s'entraide, tu vois ? Souvent, c'est Mærcy qui organise le travail. Comme il est sur l'île depuis longtemps, il sait ce qu'il faut faire en priorité. Et aussi ce qu'il ne faut pas faire.

L'adolescente se mordilla la joue, l'air perplexe.

— Et toi, tu apprécies moyennement qu'on t'impose des choses, pas vrai ? déclara Hæven, avec un sourire complice.

Pour toute réponse, elle lui donna un léger coup d'épaule et ils se mirent à rire tous les deux.

— Non, non, reprit-il. Ce n'est pas notre chef.

Il fronça les sourcils, cherchant le terme exact pour définir Mærcy :

— C'est plutôt… un guide, tu vois ?

Justement, l'homme en costume venait vers eux.

— Comment te sens-tu aujourd'hui, Sirène ? demanda-t-il d'un ton joyeux.

— Je vais bien. Je crois que j'ai dormi très profondément, malgré la lumière.

— Tant mieux. Alors si tu veux, tu peux te joindre à nous pour le grand déblayage.

Du menton, il désigna la dune qui se dressait derrière eux. La jeune fille n'avait aucune idée de ce que signifiait « le grand déblayage », mais elle accepta sans poser de questions.

— Entendu, je mange et je vous rejoins.

— Parfait, dit Mærcy. Prends ton temps.

Il s'en alla rejoindre Dæmon et Clæment qui l'attendaient plus haut.

— Tu auras assez avec ça ? demanda Hæven, voyant que sa nouvelle amie avait de l'appétit. Pour le moment, on n'a plus de farine, mais plus tard dans la saison je te ferai des petits pains cuits au feu de bois. Tu verras, je me débrouille comme un chef !

— Ah ! J'en étais sûr ! Il y a donc bien un chef ici ! s'exclama l'adolescente, sur un ton faussement outré.

Hæven lui rendit son coup d'épaule et ils rirent de plus belle.

— En fait, reprit-elle les yeux brillants de gourmandise, ce que j'aimerais surtout, c'est un fruit comme celui que tu m'as fait goûter hier !

— Héhé ! Je les adore moi aussi. C'est un des plaisirs de la saison claire : pouvoir enfin remanger des choses fraîches. Seulement, il est particulièrement difficile de s'en procurer. Ils poussent sur les arbres que tu vois là, mais tellement haut qu'il est dangereux de les cueillir.

La jeune fille porta le regard vers la forêt.

— Eh bien, tant pis, ça ne fait rien. Je continuerai de m'empiffrer de baies, alors.

— Une seconde ! J'ai dit que c'était « dangereux », je n'ai pas dit « impossible ».

Une lueur de défi brillait dans son regard.

— Attends-moi ici, d'accord ?

— Attendre ? Pas question, je viens avec toi ! déclara-t-elle.

Hæven se mit à courir, mais la jeune fille ne se laissa pas distancer. Quand ils eurent atteint la forêt, ils se laissèrent tomber sur le sol, à bout de souffle.

— Ben dis donc ! J'ai bien cru que tu allais arriver avant moi, lâcha Hæven.

— Oh ! Je n'ai aucun mérite, ce sont mes pieds bleus qui sont magiques.

— C'est vrai, j'avais oublié qui tu étais : une sirène avec des pieds, c'est rare ! À mon avis, il n'y a que sur cette plage qu'on en trouve.

— Au fait, demanda l'adolescente soudain songeuse, tu es arrivé comment sur l'île, toi ? Je veux dire… Tu es venu aussi par la mer ?

— Bien sûr. On m'a retrouvé sur la plage, comme toi et comme tous les autres.

— Et avant ça, tu venais d'où ?

Hæven fronça les sourcils.

— Comment ça, je venais d'où ?

— Ben oui, avant d'arriver ici !

— À vrai dire, je n'en sais rien, admit-il. Toi, tu sais où tu étais avant ?

— Non, reconnut-elle. Mais j'ai le sentiment d'avoir déjà existé ailleurs.

— C'est possible, dit-il après un temps de réflexion. J'ai parfois cette impression moi aussi. Mais n'avons-nous pas tous plusieurs vies ?

Les deux jeunes gens gardèrent le silence durant plusieurs secondes.

— En tout cas, reprit Hæven, je sais une chose : en étant sur cette île, j'ai pu faire la connaissance d'une sirène sportive et philosophe, et ça suffit largement à donner un sens à ma vie.

Ils se mirent à rire tous les deux. Puis, ils restèrent encore un moment étendus côte à côte, scrutant les cimes lointaines, pour tenter d'apercevoir les fruits qu'ils convoitaient.

— J'en vois un là, dit Hæven en pointant du doigt une tache pourpre minuscule.

— Et un autre juste à côté, dit la jeune fille, montrant l'arbre voisin.

Hæven se redressa.

— Le plus difficile, dit-il, c'est le début de l'ascension. Le tronc est large, il y a peu de branches auxquelles s'agripper, et puis il y a ça.

Il désigna la mousse qui couvrait l'écorce sur plusieurs mètres de hauteur.

— Pendant la saison obscure, expliqua-t-il, l'eau monte très haut, la forêt est presque complètement immergée.

Il se mit à grimper. Voyant que la jeune fille s'apprêtait à faire de même sur le tronc d'à côté, il déclara :

— Sois prudente. Je ne sais pas si tu montes aux arbres aussi bien que tu cours, mais c'est quand même franchement dangereux là-haut, vas-y en douceur.

Elle n'osa pas avouer qu'elle n'avait jamais fait ce genre de chose.

— Le premier qui ramène un fruit a gagné, lança-t-elle.

Ils entamèrent l'ascension. Hæven progressait rapidement. Il s'agrippait aux branches avec agilité. Ses jambes enserraient le tronc avec tant de force qu'il était capable de se maintenir sans l'aide de ses mains. Il lui fallut pourtant plusieurs minutes avant d'atteindre la pointe de l'arbre. Une fois en haut, il poussa un cri de victoire.

— Hourra ! Regarde Sirène, j'y suis ! Je suis le prince des cimes ! lança-t-il sur un ton théâtral.

L'adolescente mit du temps à le rejoindre. Les muscles tendus, elle dut s'arrêter plusieurs fois pour reprendre son souffle. De temps à autre, elle jetait des regards désespérés vers le sommet. *Allez, encore un peu d'effort, je ne suis plus très loin maintenant*, se disait-elle pour se rassurer.

Au bout d'un moment qui lui parut une éternité, elle atteignit enfin les plus hautes branches, sous les encouragements d'Hæven.

— Ça y est ! dit-il, tu y es arrivée !

La jeune fille lâcha un long soupir de soulagement. Après coup, elle se sentait stupide d'avoir lancé un tel défi. À cette hauteur, le tronc était mince et ployait sous le vent. Elle leva la tête. Un énorme fruit pourpre était suspendu au-dessus d'elle. Elle tendit la main pour le cueillir. Quelques centimètres à peine la séparait de l'objet de tous les délices. Elle le touchait du bout des doigts, quand soudain l'arbre se mit à tanguer ; elle perdit l'équilibre, glissa, puis se raccrocha de justesse au moment où le fruit tombait comme une pierre. Instinctivement, elle le suivit du regard. Lorsqu'elle vit à quelle distance du sol elle était, la terreur l'envahit. Elle se sentit happée par une force irrésistible qui l'attirait vers le bas. Au prix d'un terrible effort, elle parvint quand même à maîtriser les tremblements qui l'agitaient. D'une voix faible, elle appela :

— Hæven, aide-moi, je t'en prie !

Le garçon était blême.

— Attends, dit-il, ne bouge pas.

Dans un mouvement de balancier, il fit plier l'arbre sur lequel il se tenait. Puis, d'une main, il saisit la cime voisine et l'attira vers lui. La jeune fille sentait son cœur cogner violemment dans sa poitrine. Leurs deux visages étaient tout proches. Leurs joues se frôlèrent.

— Viens, murmura-t-il.

Elle lâcha prise.

6
Le village sous la dune

Hæven et Sirène ne parlèrent à personne de ce qui s'était passé dans la forêt : ils n'avaient pas envie de s'entendre reprocher leur manque de prudence. De plus, cette aventure comportait quelque chose d'intime, de presque secret, qu'ils n'osaient même pas évoquer entre eux. À partir de ce moment, l'adolescente ressentit un attachement plus profond pour Hæven. Il y avait eu d'abord cette attirance, née dès les premiers regards échangés mais, à présent, quelque chose de plus fort existait. D'une certaine manière, elle avait l'impression que cette main qui l'avait secourue était restée dans la sienne, et elle avait bien l'intention de ne plus la lâcher.

Une fois remis de leurs émotions, Hæven proposa qu'ils aillent pêcher des écrevisses dans la lagune, mais la jeune fille lui rappela qu'elle s'était engagée à participer au grand déblayage.

— C'est vrai, j'avais oublié, se souvint le garçon. Au moins, tu t'épargneras les foudres d'Espæranza, déclara-t-il, la bouche en coin.

— Pourquoi dis-tu ça ?

— Parce que, selon elle, nous ne devrions pas pêcher ni chasser aucun être vivant. Elle est une fervente partisane de la cause animale, et gare à toi si elle te voit écraser un moustique ! ironisa-t-il.

Ils se séparèrent sur cette note d'humour et Sirène s'en alla rejoindre Mærcy.

Comme elle atteignait le sommet de la dune, elle prit le temps d'observer le paysage dans son ensemble. La plage immense était constituée d'un sable gris, couleur acier. Par endroits, le rivage était hérissé d'écueils. À l'intérieur des terres, une toison de palétuviers géants couvrait le pourtour de l'île et, plus loin, par-delà cette couronne de végétation, se dressait une colline, noire, inquiétante, vierge de toute nature.

De l'autre côté de la butte, Dæmon et Clæment étaient occupés à creuser. La jeune fille s'approcha. La garçon à la stature de titan était en sueur. À l'aide d'une pelle en bois, il dégageait une surface constituée de roches plates savamment agencées. Derrière lui, Clæment repoussait le sable avec ardeur, sans beaucoup d'efficacité.

— Pas trop chaud, les gars ? demanda-t-elle.

— Un peu, souffla le colosse sans cesser de pelleter.

L'adolescente s'accroupit pour observer les larges pierres sous leurs pieds.

— Qu'est-ce que c'est ?

— Le toit, répondit Dæmon.

— Et c'est moi qui l'ai trouvé, dit Clæment en relevant la tête.

— Oui, c'est lui, confirma Dæmon, et moi je creuse.

La satisfaction se lisait sur son visage poupin. Il ficha sa pelle dans le sable et se redressa.

— Bientôt, on va découvrir les murs, déclara-t-il. Tu as déjà vu les maisons d'en bas ?

— Bien sûr que non, s'exclama Clæment, puisqu'elle vient d'arriver !

— Ah oui, c'est vrai, je me distrais, s'excusa le géant.

— Il y a réellement des maisons là-dessous ? s'étonna la jeune fille.

— Oui, s'enthousiasma Dæmon. Et moi, je creuse.

— Je peux vous aider ? proposa-t-elle.

— Bonne idée, répondit le petit garçon, trop heureux de se débarrasser de sa pelle. Moi, je vais chercher de l'eau.

Il descendit le flanc de la dune à petits bonds, saluant au passage Mæl et Mærcy qui dégageaient une autre habitation.

Le colosse s'était remis au travail. Les muscles de ses bras roulaient sous sa peau à chacun de ses gestes.

— Tu es courageux Dæmon, lui dit la jeune fille.

— Beaucoup, répondit-il sans s'arrêter.

C'était pour lui un simple constat, il n'y avait pas dans son ton le moindre soupçon de vantardise.

— Et toi, tu es jolie, compléta-t-il.

— Merci.

— Merci aussi.

Ils travaillèrent un moment sans plus rien dire. Le bruit mat des outils dans le sable se mêlait à celui de leurs respirations. Celle du colosse, douce et régulière, semblait infatigable. Sirène se sentait un peu pitoyable à côté de lui. Elle devait s'arrêter souvent pour reprendre son souffle.

— Tu as de la chance, dit soudain Dæmon.

— Pourquoi ? s'étonna l'adolescente.

— Ben, pour le moment, on t'appelle pas encore, mais plus tard tu auras sûrement un beau nom puisque tu es belle. Moi, j'aime pas être « Dæmon ». Ça fait trop penser au démon et je ne veux pas être comme ça, je veux être gentil.

— Il me semble que tu l'es déjà, constata la jeune fille. Mais pourquoi n'as-tu rien dit quand on t'a donné ce nom ?

— Pour être gentil. Parce que, des fois, on dit ce qu'on pense et on fait de la peine. Peut-être que « Dæmon » c'est le nom qui me va, mais je ne l'aime pas.

— Et comment aurais-tu voulu qu'on t'appelle ?

— Gentil. Je veux être Gentil.

— Tu as raison, « Gentil » ça te va bien.

— Merci, murmura le géant, l'air sincèrement touché.

— Merci aussi, répondit la jeune fille en lui adressant un clin d'œil.

*

Il fallut plusieurs journées pour déblayer les maisons ensevelies sous la dune. C'étaient des constructions trapues, sans étage, aux murs percés de fenêtres étroites. Elles avaient été conçues pour rester fraîches même en période de grande chaleur, quand la saison claire était à son solstice. Elles étaient disposées en arc de cercle, comme resserrées autour d'une petite place, de manière à se protéger mutuellement du vent.

Une fois les maisons entièrement dégagées, le groupe redoubla d'efforts pour en nettoyer l'intérieur. On enleva le varech et les coquillages, on lava les tables, les banquettes, et dès que ce fut possible, on alluma des feux dans les cheminées pour chasser l'humidité qui y régnait.

Tout ici était en pierre, du sol au plafond, des murs jusqu'au mobilier. Ces petits refuges robustes avaient été conçus pour résister à la marée. Durant la saison obscure, ils étaient complètement immergés puis recouverts par les bancs de sable sous-marins. À cette période, les vagues s'avançaient si loin qu'elles venaient battre le flanc de la colline.

Bien avant l'heure du coucher, Clæment bouillait déjà d'impatience. Il courait d'un logis à l'autre en répétant : *C'est aujourd'hui qu'on dort dedans ! C'est aujourd'hui qu'on dort dedans !* En vérité, tous les habitants de l'île avaient hâte de s'y installer. Le campement de toile présentait l'inconvénient de toujours laisser passer la lumière, ce qui était assez peu commode pour dormir. En comparaison, les petites maisons de pierres donnaient le sentiment réconfortant de vivre en sécurité, à l'abri des animaux sauvages et des tempêtes.

Aussi, chacun se réjouissait de pouvoir disposer d'une habitation pour y faire sa couchette. On en fit la répartition autour du grand feu.

— Mæl, tu logeras avec Clæment, ça te convient ? demanda Mærcy.

— Bien sûr, approuva la jeune femme en posant sa main sur l'épaule de l'enfant.

— Græce et Espæranza, je vous propose d'occuper celle-ci. Hæven et Dæmon, la maison du bout, d'accord ? Ainsi, Crystæl et toi, Sirène, vous serez dans celle du milieu, et moi, dans la dernière, j'accueillerai les autres nouveaux arrivants, s'il en vient.

La jeune fille eut un pincement au cœur. Elle avait secrètement espéré se retrouver dans le même logement qu'Hæven. Comme le jeune homme ne réagissait pas, elle s'efforça de ne rien laisser paraître de sa déception. Une autre chose la contrariait cependant : pourquoi était-ce à nouveau Mærcy qui choisissait ? S'il n'était pas le chef de cette communauté, de quel droit s'octroyait-il le pouvoir de décider pour eux ? Voyant que tout le monde semblait en prendre son parti, l'adolescente se retint de soulever la question. Mais en son for intérieur, elle s'en voulait de ne rien oser dire. Elle se trouvait sage et obéissante, et ce constat lui déplaisait.

*

— Ouf, quelle journée ! dit Crystæl en s'asseyant dans leur minuscule salle à manger. Je suis épuisée !

— Moi aussi, dit Sirène. J'ai l'impression d'être éveillée depuis une éternité !

— Tu vas voir, ici nous dormirons comme des bébés.

Crystæl laissa échapper un petit rire joyeux.

— Qu'y a-t-il ? s'étonna l'adolescente.

— J'ai tout de même un peu de mal à m'imaginer en bébé, avec un visage si fripé.

— Je trouve ton visage très beau. Et les rides, c'est joli.

— Tu es gentille, ma petite. À vrai dire, je préférerais une figure moins chiffonnée, mais je ne parviens pas à la défroisser convenablement.

L'adolescente rit à son tour.

— Tu étais déjà ridée en arrivant sur l'île ?

— Je ne sais pas, dit la vieille dame. Il me semble que j'ai toujours été ainsi.

Sirène posa le drap qu'elle tenait dans sa main.

— Ça n'a pas de sens, dit-elle, perplexe. Tu ne peux pas être ainsi depuis toujours. Tu as forcément été une enfant, et puis une jeune femme, c'est comme ça que les choses se déroulent !

Elle scruta la réaction de Crystæl, mais son expression était indéchiffrable.

— Comment t'expliquer ? dit la vieille dame. J'ai l'impression qu'ici le temps n'avance presque pas. Les événements se succèdent sans fin, mais au bout du compte, on dirait qu'ils n'ont pas plus de valeur qu'un fragment de seconde.

— Pourquoi est-ce que tout ça me paraît si étrange ? Étions-nous dans un autre monde avant celui-ci ?

— Peut-être…

— En fait, hésita l'adolescente, nous sommes peut-être tous… morts ?

Crystæl s'approcha et lui caressa tendrement la joue.

— Non, tu n'es pas morte, ma belle, rassure-toi. Je pense qu'il faut plutôt considérer l'île comme un lieu de passage. On vient dans cet endroit et on en repart lorsque le moment est venu. Inutile de chercher plus d'explications.

Le regard qu'elle lui adressa était si appuyé, si mystérieux, que Sirène en fut mal à l'aise.

— Bon, assez philosophé, déclara la vieille dame. Au lit maintenant !

Elles gagnèrent chacune leur chambre. L'adolescente s'étendit sur sa couchette. À travers la fenêtre minuscule, un rayon de soleil facétieux traçait un carreau de lumière à l'endroit précis où elle posa sa tête. Mais elle n'en fit aucun cas, trop harassée pour faire encore le moindre mouvement.

Petit à petit, elle s'accommodait à vivre sans l'alternance des jours et des nuits pour se situer. Seule la fatigue dictait son rythme entre veille et repos. Une fois passé le choc des premiers instants et le trouble causé par l'amnésie, la jeune fille s'était sentie apaisée, étonnamment sereine. Hormis ses griefs à l'encontre de Mærcy, bien sûr. Peut-être fallait-il tout simplement accepter son sort sans chercher à comprendre, comme le lui conseillait Crystæl ? Ceux qui vivaient ici depuis longtemps étaient manifestement plus enclins à se satisfaire de leur condition. Comme si leur présence sur l'île relevait de l'évidence.

Au fond, la question n'était pas tant de savoir d'où elle venait, mais plutôt pourquoi elle était là. Elle sentait confusément qu'il y avait une raison à cela.

Mais ces réflexions ne l'empêchèrent nullement de glisser vers le sommeil. Et de dormir comme un bébé.

7
Fred

— Fred ?

Devant le comptoir, un grand type aux cheveux en bataille lève les yeux de l'étalage débordant de pains dorés.

— Ah, Mehdi ! J'ai cherché à te saluer en entrant, mais je ne te voyais pas.

— J'étais dans l'atelier, dit le vendeur en déposant sa platine chargée de viennoiseries. Content de te revoir, ça faisait longtemps. Tu es de passage dans le quartier ?

— Mieux que ça, je suis de retour ! On vient d'ouvrir une nouvelle boutique plus haut sur Saint Denis, avec mon associé : du matériel pour DJ et des vinyles, rien que des musiques qui font bouger. Passe nous voir à l'occasion, on est au 3770 ; ça s'appelle « D'ici danse ».

— Finalement, on est tous les deux spécialisés dans les platines ! plaisante le boulanger.

Derrière, une petite dame se racle la gorge et pousse un soupir. Fred s'empresse de passer commande, il salue son ami et sort dans la rue.

La ville zonzonne comme une ruche en ce début de journée. L'homme passe une main dans sa tignasse couleur paille, consulte sa montre, il est en avance. Bien. Il aime ça, prendre son temps. Il sort un scone de son sachet et pousse un grognement de satisfaction ; ça faisait longtemps qu'il avait envie de revenir flâner autour du Carré Saint Louis. Tout en mangeant, il s'écarte pour ne pas encombrer le trottoir.

Un vieil homme passe en tirant un caddie. Il avance lentement, absorbé dans ses pensées. Régulièrement il s'arrête, baisse la tête, rajuste son chapeau, puis recommence à marcher.

Bon sang, ce n'est pas possible ! Où sont passées mes forces ? Ces maudites jambes n'arrivent plus à me porter, c'est une pénitence. Mes cuisses sont maigres, mes genoux me font souffrir. Il est loin le temps où je courais sans jamais me fatiguer, l'époque où je séduisais les filles. Qui croirait que j'ai été un bel homme autrefois ? Le front haut, les épaules droites, j'avais fière allure. J'osais fixer les femmes droit dans les yeux, plein d'assurance, et certaines soutenaient mon regard. J'imaginais que cette lueur voulait dire : « Tu me plais, mon gars. Dans une autre vie, j'aurais voulu me blottir dans tes bras. » Parfois, nous échangions quelques mots, juste pour le plaisir de la conversation. Je sentais que ma compagnie leur était agréable.

Et puis, il y avait les copains, j'étais connu dans le quartier. Je pouvais passer des heures à la terrasse d'un café. Maintenant, qui aurait envie de me parler ? Personne. Mon sourire mal ajusté est une grimace. Les gens n'aiment pas voir la vieillesse, ça leur donne un avant-goût de ce qui les attend. Ils préfèrent ne pas y penser. Même moi, je détourne la tête pour éviter de croiser mon reflet dans les vitrines. J'ai honte de mon apparence. Je suis décrépit, usé, encombrant, et je n'ai plus goût à rien. Quand l'envie s'en va, il faudrait que la vie s'en aille aussi…

Autour du vieux, on se presse, on se bouscule. Certains s'agacent d'être ralentis dans leur trajet. Un bus déverse son flot de passagers, des jeunes gens qui se rendent à l'école. Le vieil homme se retrouve au milieu de la cohue. Un petit rouquin pousse ceux qui se trouvent sur son chemin. Son sac s'accroche au caddie, il tire dessus sans se retourner. Le vieillard vacille, personne ne le voit tomber.

Le nez en l'air, Fred savoure son scone en rêvassant. Il y a quelque chose de spécial dans l'atmosphère, ce matin, la sensation de se trouver à la lisière de l'inconnu : des odeurs d'embruns, de végétation sauvage…

Il cligne des yeux. Et aussitôt plus rien n'est pareil.

8
Le secret de la crique

Dans son sommeil, la jeune fille rêvait souvent de son arrivée sur l'île. Elle n'en avait pas de réel souvenir, mais elle s'imaginait au milieu d'une mer tumultueuse, se débattant pour se maintenir à la surface. La scène était toujours pareille : une vague la submergeait et, tandis qu'elle hurlait, l'eau pénétrait dans sa bouche et son nez, puis envahissait ses poumons brûlés par le sel. C'était une douleur atroce, cette sensation de manquer d'air. Au bout d'un long moment, elle cessait de lutter et finissait pas s'enfoncer dans les flots.

Lorsqu'elle s'éveilla ce jour-là, Crystæl était encore endormie. Elle prépara le gruau pour leur petit-déjeuner puis s'assit à la table et se servit un grand verre d'eau. La lumière était douce au-dehors, moins éblouissante qu'auparavant. Peut-être y avait-il quelques nuages providentiels pour amener un peu de fraîcheur ? À cette période de la saison claire où l'air était le plus souvent étouffant, la plus petite brise était une bénédiction.

Elle sortit sur le pas de la porte et observa le ciel. Un mince filet de brume étendait son ombre sur la mer étale ; il ne fallait pas espérer de vent aujourd'hui. Un silence absolu régnait sur l'île. Pas un cri d'oiseau, pas le moindre bruit du ressac sur la grève.

La jeune fille retourna dans sa chambre, prit des vêtements propres et se dirigea vers la forêt. Un jour qu'elles cueillaient des baies au pied de la colline, Espæranza lui avait montré une petite cascade, cachée derrière un épais paravent de roseaux où l'on pouvait se baigner en toute tranquillité. L'adolescente voulait profiter de ce moment de solitude pour se rafraîchir et y faire sa toilette plus commodément que dans la vasque de pierre de leur cuisine.

Le sable brûlant qui s'infiltrait dans ses sandales rendait la marche difficile. À la lisière de la forêt, elle fit une halte et se déchaussa. La mousse était douce dans le sous-bois, le sol moelleux caressait la plante des pieds. Elle mit du temps à retrouver l'endroit où l'avait emmenée Espæranza. Mais en s'approchant, le son clair de la source lui indiqua le chemin. Elle franchit la barrière de roseaux et déposa ses vêtements propres sur les galets. Ensuite, elle se dépouilla de ceux qu'elle portait et pénétra dans l'étang. Elle fit quelques mouvements pour s'habituer à la température, mouilla ses épaules et son visage. L'eau était translucide, le fond peu profond. En se tenant debout, elle pouvait voir ses pieds. Elle nagea jusqu'à la cascade et se glissa dessous. Les gouttelettes qui jaillissaient faisaient des arcs-en-ciel dans la lumière diffuse. Elle se lava lentement, avec application ; l'eau qui ruisselait sur son corps lui procurait une intense sensation de bien-être. Après un long moment, elle sortit, s'assit sur le plat d'un rocher et se sécha au soleil. Elle essora ses cheveux et entreprit de les démêler puis abandonna après quelques vaines tentatives. Son ventre émit un gargouillis ; la faim commençait à se faire sentir. Elle se leva, enfila ses vêtements propres et fit un petit ballot avec le linge sale. Elle chaussait ses sandales quand un craquement dans les roseaux la fit sursauter. Elle se figea, jeta un regard à travers les tiges.

Elle ne le vit pas tout de suite. Sa silhouette était presque entièrement masquée par la trame serrée des joncs. L'homme se tenait là, penché en avant, immobile, à quelques mètres à peine. L'adolescente ne l'avait jamais rencontré. C'était un grand type à la chevelure couleur de foin. Il la fixait de ses yeux hagards, vides d'expression. Soudain, il tendit les bras et fit un pas dans sa direction. Sirène ne put retenir un cri d'effroi. Le gars perdit l'équilibre et s'abattit sur la surface de l'eau en une gerbe d'éclaboussures. Sans hésiter, elle courut en direction de la plage.

Elle arriva au village hors d'haleine, éperdue de frayeur et les jambes toutes écorchées. Clæment, Crystæl et Espæranza étaient debout, le reste du village dormait encore.

— Il y a un homme là-bas... Dans la forêt, près de la cascade... il... il n'est pas des nôtres, je ne l'ai jamais vu.

— Allons, calme-toi ma belle, dit Crystæl en la prenant dans ses bras. Il t'a parlé ?

— Non ! Je ne sais même pas s'il est vraiment... vivant. Ses yeux étaient comme morts. Il a fait un pas vers moi puis il est tombé dans l'eau. Il m'a fichu une de ces frousses !

— C'est peut-être un nouvel arrivant ? suggéra Espæranza.

— Oui, probablement, dit la vieille dame. Mais d'habitude, on les retrouve sur la plage.

Elle parut hésiter.

— Tu pourrais me conduire jusqu'à lui ?

— Je peux oui, mais... On ne devrait peut-être pas y aller seules.

— Tu as raison, il vaut mieux s'y rendre en force, on ne sait jamais, approuva Espæranza.

— Ben, j'suis là, moi ! s'exclama Clæment. Vous inquiétez pas, je viens avec vous.

*

Hæven les avait accompagnés jusqu'à la cascade, mais ils n'avaient trouvé personne. Des roseaux écrasés confirmaient pourtant que quelqu'un était passé par là. En rentrant, ils remarquèrent aussitôt l'agitation qui régnait au village. Un petit attroupement s'était formé autour de Mærcy.

— Un nouvel arrivant a été aperçu aux abords de la forêt, expliquait-il.

— Je l'ai vu, moi aussi, intervint Sirène. Nous étions justement partis à sa recherche.

— C'est curieux, il aurait dû arriver par la plage, non ? s'étonna Mæl.

— Il s'est peut-être échoué pendant que nous dormions, suggéra Crystæl.

— C'est probable, mais c'est fâcheux, dit Mærcy, l'air inquiet. Il faut que nous le retrouvions rapidement. On ne peut pas le laisser comme ça, sans assistance.

Toute la communauté approuva. Chacun avait encore en mémoire la stupeur des premiers instants sur l'île.

— Que proposes-tu, Mærcy ? demanda Græce.

— Formons des équipes de deux ou trois personnes et partons dans des directions différentes. Ceux qui l'auront trouvé n'auront qu'à faire un feu. Dès que nous apercevrons de la fumée, nous saurons qu'il est temps de revenir ici.

Des groupes se constituèrent spontanément. On remplit des gourdes et on rassembla quelques vivres à la hâte. Sirène s'éloignait en compagnie d'Hæven et Clæment, lorsque Mærcy les retint.

— Je voudrais que tu viennes avec moi, dit-il à la jeune fille.

Voyant l'étonnement se dessiner sur son visage, il ajouta :

— Tu connais déjà sa silhouette, tu pourras le repérer de loin. Ce sera nécessaire là où nous allons.

— Et où va-t-on ? demanda Hæven.

— Du côté de la crique. Mais toi, Hæven, tu seras plus utile auprès de Græce et Crystæl. Les groupes seront mieux équilibrés ainsi, tu comprends ?

Hæven parut contrarié, mais ne dit rien.

— Et moi, questionna Clæment, comme je suis petit et que je passe partout, je peux venir avec Sirène et toi ?

— Entendu, dit Mærcy. En route maintenant.

Les équipes se dispersèrent, chacune prenant une direction différente, laissant Dæmon veiller seul sur le village.

*

Le chemin escarpé qu'avait choisi Mærcy conduisait à une crique située sur l'autre versant de l'île, dans sa partie la plus septentrionale. Aucun des deux jeunes qui l'accompagnaient ne s'était encore rendu dans cette région. Clæment, qui était arrivé à la fin de la saison claire précédente, était resté le plus souvent dans les parages du village, avec les plus âgés du groupe. D'ailleurs, la plupart ne visitaient jamais cet endroit. L'accès en était trop malaisé et la nature y était trop peu prodigue en nourriture pour qu'il y ait des raisons d'y mener des expéditions. À une chose près cependant : une chose essentielle, inouïe, que l'adolescente et l'enfant ne s'attendaient pas à découvrir.

La marche était éprouvante. Clæment, qui avait tenu à les accompagner, n'osait pas se plaindre, mais la cadence de Mærcy devenait sans cesse plus difficile à suivre pour lui.

— On ne ferait pas une halte ? suggéra Sirène. Je crois que notre petit randonneur commence à fatiguer.

— En plus, j'ai plus d'eau dans ma gourde, ronchonna le gamin.

— Nous y sommes presque, répondit Mærcy. Une fois là-haut, c'est promis, on prendra le temps de manger.

Au bout d'une interminable montée, il s'arrêta enfin et déposa son sac. Les deux jeunes le rejoignirent en haut du col en poussant des soupirs.

— Tu penses vraiment que le nouvel arrivant aurait pu venir jusqu'ici ? demanda l'adolescente, perplexe.

— Je ne sais pas s'il est venu, mais je voulais que nous y soyons avant lui.

— Pourquoi ?

En guise de réponse, Mærcy s'écarta, les laissant découvrir ce qu'il y avait derrière lui : en bas, sur toute la superficie de la crique, quelque chose de gigantesque miroitait au soleil. La lumière s'y reflétait avec une telle intensité qu'il était difficile d'y poser les yeux. La jeune fille dut mettre ses mains en visière pour tenter d'y voir quelque chose.

— Wouah ! s'extasia Clæment. C'est trop beau !

Couvrant entièrement la surface des eaux, des milliers de bouteilles de verre étaient amoncelées sur plusieurs mètres de hauteur.

— C'est absolument incroyable ! fit l'adolescente. D'où viennent toutes ces bouteilles ?

— D'un autre monde, lâcha Mærcy.

Comme il se penchait pour ramasser son sac, Sirène n'eut pas l'occasion d'interpréter l'expression de son visage.

— Allons-y, descendons.

Ils empruntèrent une échelle qui menait vers la crique.

À mesure qu'ils s'approchaient, la masse de verre paraissait plus énorme. Lorsqu'ils furent en bas, Mærcy expliqua :

— C'est ici que tous les messages de détresse finissent leur voyage. C'est ce qui fait de cette île un endroit unique dans l'univers.

Le spectacle était saisissant. D'imaginer que chacune de ces bouteilles contenait un appel au secours donnait véritablement le tournis.

— Les âmes en peine sont innombrables, n'est-ce pas ? poursuivit Mærcy. Et encore, ce n'est que le dernier arrivage. À chaque saison claire, la mer fait une nouvelle livraison.

Une idée fulgurante traversa l'esprit de la jeune fille :

— Voilà pourquoi nous sommes sur cette île ! Notre présence est liée à ces messages !

— Exactement, approuva Mærcy. Et notre priorité est de les collecter.

Tandis qu'ils parlaient, Clæment ramassa une bouteille et la dirigea vers la lumière pour tenter de voir à travers. Le verre opaque était couvert d'écume, mais quand il la secoua, un bruit confirma qu'il y avait quelque chose à l'intérieur. Il porta le goulot à sa bouche, tira de toute ses forces et fit sauter le bouchon avec ses dents. Puis, il y glissa ses petits doigts agiles.

— Non ! s'écria soudain Mærcy. Il ne faut pas faire ça, Clæment !

D'un geste brusque, il lui reprit la bouteille des mains.

— Pourquoi ? s'étonna l'adolescente.

— C'est pas maintenant qu'on les ramène au village ? demanda l'enfant, penaud.

Mærcy secoua la tête. Il prit le temps de remettre soigneusement le bouchon avant de répondre.

— Excuse-moi, Clæment, je ne voulais pas te gronder. On viendra les chercher plus tard. Mais on ne peut pas les lire, tu le sais bien, ces messages sont très précieux !

— Mais pourquoi ? insista Sirène.

— Personne ne doit les lire, ce n'est pas dans l'ordre des choses. On doit juste les brûler.

La jeune fille écarquilla les yeux de surprise.

— Les brûler ? Mais c'est… C'est terriblement cruel ! s'indigna-t-elle. Comment peut-on faire ça alors que ces lettres sont des appels au secours ? Et qui a décidé que…

— C'est comme ça, Sirène. C'est de cette façon qu'on les honore, la coupa Mærcy.

Ses yeux étaient braqués sur l'adolescente, comme s'il s'attendait à la voir réagir.

— Attends une seconde, dit-elle. Je comprends maintenant pourquoi tu étais si pressé de venir ici ! Tu craignais que le nouvel arrivant les découvre, c'est ça ?

Mærcy ouvrit la bouche pour répondre quand quelque chose dans le lointain attira son regard.

— Tiens ! dit-il. En parlant de brûler…

À l'ouest, une colonne de fumée s'élevait dans le ciel.

— Ils l'ont trouvé ! s'exclama Clæment.

— En effet, et c'est heureux, dit Mærcy visiblement soulagé. Rentrons sans tarder, mes amis.

— Mais… On avait dit qu'on mangerait, j'ai faim, moi ! se lamenta le gamin. Et puis, j'ai mal aux jambes.

— Tu veux que je te porte ? ironisa Mærcy.

— Ça va, je ne suis plus un bébé ! souffla l'enfant, piqué au vif.

L'homme en costume ouvrit son sac et lui tendit un épi de maïs grillé.

— Tiens, croque ceci en marchant.

Ils se remirent en route, Mærcy reprenant son allure énergique. L'adolescente se sentait frustrée de ne pas avoir obtenu plus de réponses. Elle se promit de revenir sur le sujet dès que possible. Il lui semblait qu'elle méritait plus d'explications ; après tout, elle n'était plus un bébé elle non plus.

Ils quittèrent la crique, laissant derrière eux des milliers de S.O.S.

9
Blessée

Un grand type ébouriffé se tenait au milieu du groupe. Il avait l'air épuisé, perdu, presque craintif. C'était touchant, songeait la jeune fille, de voir un homme d'une telle stature effarouché comme un petit animal sauvage. Du coup, il paraissait beaucoup moins inquiétant que quand elle l'avait aperçu à la cascade.

À cause de ses cheveux très blonds, Clæment lui avait déjà donné le surnom de Tête de paille. Les habitants de l'île se présentèrent à lui comme ils l'avaient fait pour Sirène. Tout comme elle, le nouvel arrivant ne savait pas qui il était ni ce qu'il faisait là. Il avait repris connaissance sur la plage et, à demi conscient, il avait erré sans but. De l'endroit où il se trouvait, les maisons de pierres se distinguaient à peine des récifs et il avait dû les manquer. Il était tombé inanimé à plusieurs reprises et ne se souvenait pas d'être entré dans la forêt, pas plus qu'il ne se rappelait avoir marché en direction de l'ouest jusqu'à l'escalier rouge, où Hæven, Græce et Crystæl l'avaient retrouvé.

Comme à chaque fin de journée, on partagea un repas durant lequel le nouveau venu manifesta un bel appétit.

Dæmon n'avait pas perdu son temps en les attendant au village : à l'aide d'une fronde, il avait abattu un volatile charnu qu'il avait ensuite soigneusement déplumé, sous le regard réprobateur d'Espæranza. Il demanda à Clæment de l'aider à cuire l'animal sur une broche, ce qui fit la joie de l'enfant.

Plus tard, la petite communauté fut bercée par la voix de Græce qui alluma des flammes dans les cœurs tandis que la braise s'éteignait. Avant le coucher, Hæven et Sirène décidèrent de faire quelques pas ensemble. Ils marchèrent pendant un moment sans rien se dire. Hæven avait le regard fixé sur l'horizon. Ils se tenaient très près l'un de l'autre et leurs bras se frôlaient régulièrement. Comme l'adolescente ne cherchait pas à éviter ce contact, il s'enhardit à lui prendre la main.

— Comment te sens-tu maintenant que tu n'es plus la dernière arrivée sur l'île ? Pas trop déçue que Tête de paille t'ait volé la vedette ?

— Je me sens bien, plus proche des autres, dit-elle d'un air entendu.

Hæven lui adressa un sourire de connivence.

— Pourtant, reprit-elle, plus le temps passe et moins je comprends le sens de tout ceci. J'ai parfois l'impression que ma tête va exploser si les questions continuent de s'y accumuler sans que je leur trouve de réponses.

— Quelles questions, dis-moi ? Je peux peut-être y répondre, même si je suis loin de pouvoir tout expliquer.

— Eh bien, pour commencer, cet escalier où vous avez trouvé le nouvel arrivant, est-il réellement rouge ?

— Ça, ce n'est pas une question compliquée ! Ce sont des marches taillées dans les anciennes coulées de lave. En fait, cette île est la partie émergée d'un très vieux volcan. Les roches rouges qu'on trouve du côté ouest sont les traces d'une éruption qui a dû avoir lieu il y a des centaines d'années. Le sol est assez friable par endroit, c'est ce qui a permis qu'on y creuse ces paliers.

— J'aimerais beaucoup les voir !

— Tu les verras. Nous les emprunterons pour monter sur la colline quand viendra la saison obscure.

— Tu connais si bien cet endroit, dit l'adolescente, impressionnée. Y a-t-il encore des secrets que tu n'as pas découverts ?

— Des secrets ?

La jeune fille lui adressa un regard appuyé.

— Je suis allée jusqu'à la crique aujourd'hui, j'ai vu ces milliers de bouteilles…

— Et les messages qu'elles contiennent. C'est fascinant, n'est-ce pas ?

— Fascinant, oui, mais je n'ai pas compris ce qu'a dit Mærcy. Il a prétendu qu'on ne pouvait pas les lire et qu'il fallait les brûler.

— En effet, c'est ce que nous faisons. Nous fabriquons une grande malle en osier dans laquelle nous les rangeons pour les emporter sur la colline. Et plus tard, pendant la saison obscure, nous la brûlons avec tout son contenu. On appelle ça « la cérémonie du feu ».

— Mais pourquoi ? Ça n'a pas de sens !

— Au contraire, ça en a énormément. Ces bouteilles jetées à la mer sont des cris de détresse ; or, sur cette île, que pouvons-nous faire pour y répondre ? Rien ! Si ce n'est cette chose magnifique : les brûler. Ainsi, en se consumant, leurs feuilles font des étincelles qui montent au ciel et se changent en étoiles.

Hæven marqua une pause. Il leva les yeux et repris :

— Qui n'a jamais fait le vœu d'un monde meilleur en observant le firmament ? C'est à partir de ce moment-là, tu vois, que les messages deviennent utiles, en redonnant de l'espoir.

— Tu parles bien, murmura la jeune fille.

— Pardon, je t'ennuie, s'excusa Hæven. Tu me trouves sans doute naïf avec ce discours plein de bons sentiments.

— Non, j'aime ce que tu dis, c'est très beau, répondit-elle sans ironie. Mais je me demande tout de même si nous ne devrions pas lire ces messages avant de les brûler. Ainsi, nous pourrions partager la peine de ceux qui les ont écrits, tu ne crois pas ?

— Mærcy dit qu'il ne faut surtout pas le faire, que les lire nous ferait mourir de chagrin.

— Et tu penses qu'il a raison ?

— Je ne sais pas, dit Hæven songeur. Je lui fais confiance. Pas toi ?

L'adolescente, lèvres pincées, se mordillait la joue.

— Eh bien..., j'ai parfois l'impression qu'il nous cache des choses. Et je n'aime pas qu'il choisisse à notre place.

Hæven poussa un soupir.

— Écoute, Sirène, pardonne-moi de te dire ça, mais je crois que tu devrais d'abord voir les bons côtés de ceux qui t'entourent plutôt que leurs défauts. Je suis sûr que Mærcy ne veut que ton bien, comme nous tous ici.

— Tu n'as pas le sentiment qu'il cherche à nous séparer ?

— Non, vraiment pas !

— Alors, la prochaine fois que nous déciderons d'aller quelque part ensemble, promets-moi de ne pas le laisser nous en empêcher.

Les traits d'Hæven se crispèrent.

— Tu promets ? insista la jeune fille.

— Je n'aime pas beaucoup la tournure que prend cette conversation, Sirène. Mais si tu y tiens, oui, je te le promets.

Sentant que quelque chose venait de s'abîmer entre eux, elle voulut poser sa tête sur son l'épaule, mais le garçon s'écarta. Ils se regardèrent en silence, l'air aussi désolé l'un que l'autre.

— Tu es fâché ? demanda-t-elle.

— Fatigué, dit-il d'un ton las. Allons nous coucher.

Quelques nuages lourds s'étaient formés au-dessus de l'île. C'était la première fois que l'adolescente les remarquait. La saison claire entamait déjà son déclin.

*

Le nouvel arrivant s'était vite intégré au groupe. Il partageait la maison de Mærcy. Crystæl lui venait en aide, comme elle l'avait fait avec Sirène. Espæranza lui avait indiqué où puiser de l'eau potable, quels étaient les meilleurs endroits pour cueillir des fruits ou ramasser des champignons. À l'évidence, Tête de paille n'était pas indifférent au charme de la jeune femme. Sirène était attendrie de le voir s'émerveiller pour chaque chose que lui montrait Espæranza, et sourire béatement dès qu'elle se trouvait dans ses parages.

De nombreux liens se tissaient entre les gens de l'île. La vie en communauté et l'entraide indispensable les amenaient à s'apprécier davantage. Chacun possédait ses talents dont il faisait profiter les autres. Les plus robustes se chargeaient spontanément des tâches qui demandaient énergie et endurance, pendant que les plus âgés s'acquittaient des travaux nécessitant de l'expérience et du savoir-faire.

Mærcy était précieux dans d'innombrables situations. Il avait une connaissance approfondie de l'endroit et faisait preuve d'une infinie patience envers chacun ; il expliquait, reprenait autant de fois que nécessaire, sans jamais se départir de son calme.

Reconnaissant ses qualités, l'adolescente avait fini par admettre l'évidence : Mærcy agissait pour le bien de tous.

À cette période, la moisson battait son plein. La récolte des céréales était l'une des principales activités. Il y avait aussi le salage du poisson, la cuisson et la conservation des fruits, la collecte des plantes aux vertus médicinales qu'on faisait sécher sous le camp de toile. Le stockage des vivres devait être fait avec le plus grand soin, car celles-ci constitueraient leurs seules ressources durant la saison obscure.

La jeune fille s'inquiétait parfois de savoir comment ils achemineraient de telles quantités de nourriture au sommet de la colline ; à l'évidence, ce serait une rude épreuve. Bien qu'Hæven lui ait décrit à maintes reprises cette longue période de nuit, elle avait du mal à se représenter ce que pouvait être la vie là-haut. Elle se réjouissait que vienne ce moment, car elle savait qu'il faudrait auparavant récupérer les messages enfermés dans leurs bouteilles, et elle comptait bien être de ceux qui s'en chargeraient. Elle avait vu Mæl confectionner la malle qui devrait les contenir. De fines tiges de rotin soigneusement entrelacées, mais peu serrées pour que la caisse ne soit pas trop lourde et que l'air puisse y pénétrer – il fallait bien sûr éviter que les précieux papiers moisissent.

Depuis que Sirène s'était rendue dans la crique, la vision extraordinaire des milliers de vaisseaux de verre ne quittait plus son esprit. Elle était impatiente de participer à leur collecte, même si elle admettait à présent qu'on ne pouvait les lire. Elle se demandait comment on procédait pour les ranger : devait-on les défroisser, les faire sécher ? La malle serait-elle lourde à porter ?

Toutes ces réflexions alimentaient son imagination durant les longues journées de labeur. Là, en plein soleil, la chaleur était parfois si difficile à supporter que plus personne ne parlait pour économiser ses forces. Seule Græce semblait ne pas souffrir de la température. Dans sa robe aux couleurs vives, elle chantait en travaillant et balançait son bassin au rythme du grésillement des insectes.

Ainsi, tous accomplissaient leurs tâches dans un état de semi-somnolence, la tête bourdonnant, le dos courbé. Chacun à leur tour, ils allaient chercher de l'eau fraîche à la cascade pour l'ensemble du groupe.

C'était Tête de paille qui était parti cette fois-là. Il revint en courant près de ses compagnons.

— Regardez là-bas ! Qu'est-ce que c'est ?

Ils se tournèrent dans la direction qu'il indiquait. Les insectes s'étaient tus. Au loin, une ligne noire soulignait l'horizon marin. À voir sa longueur et le bouillonnement qu'elle provoquait, la vague qui approchait devait être immense.

— Bon sang, un tsunami ! s'écria Espæranza.

— Il n'y a pas une minute à perdre, dit Hæven. Redescendons.

— Attends, Hæven ! Je crois que nous serons plus en sécurité si nous remontons vers la colline, objecta Sirène.

Le garçon lui lança un regard noir.

— Ceux qui sont en bas ne l'ont peut-être pas encore aperçu. Nous devons les prévenir !

Abandonnant leurs outils, ils dévalèrent le sentier qui menait à la plage. Il leur fallut plusieurs minutes pour rejoindre le village. Sous le couvert des grands arbres, ils ne pouvaient voir où en était le raz-de-marée, mais son grondement sourd s'intensifiait de seconde en seconde. Lorsqu'ils arrivèrent en bas, le spectacle était terrifiant : un mur d'eau gigantesque s'avançait droit sur l'île. Hæven fonça vers Clæment. Surpris par le vent, l'enfant s'était empêtré dans son filet de pêche.

La vague n'était plus qu'à quelques centaines de mètres. À son sommet, l'ourlet d'écume ressemblait à une gueule monstrueuse. Par chance, le rouleau s'abattit en mer avant d'atteindre la côte. Mais la houle, à peine déforcée par la distance, envahit la plage à la vitesse d'un cheval au galop.

Tous n'avaient pas eu le temps de rejoindre les maisons de pierres. Arrivés les derniers, Græce et Mæl firent demi-tour et coururent s'abriter dans la forêt.

— Crystæl ! hurla la jeune fille.

La vieille dame, trop âgée pour s'enfuir était restée sous le camp de toile. L'adolescente se jeta à son secours, l'extirpa de là et la mit hors de danger. La vague, qu'aucun obstacle ne retenait, monta si haut qu'elle recouvrit presque entièrement le village. À l'intérieur des maisons, l'eau bousculait tout sur son passage. Les habitants se cramponnaient au mobilier de pierre pour ne pas être entraînés. Mærcy sauva Dæmon de la noyade. Le colosse avait bu la tasse en voulant récupérer un jouet de Clæment.

L'île ne subit qu'un seul assaut, mais lorsque la mer se retira, elle occasionna plus de dégâts que l'ensemble des marées de la saison obscure.

*

Par miracle, aucun des habitants ne périt dans la catastrophe. Il y eut quelques ecchymoses, des bosses et des plaies bénignes, rien de plus. Crystæl, qui avait été assommée par un des mâts du camp de toile, avait vite recouvré ses esprits. Sans doute ne s'en serait-elle pas sortie à si bon compte si la jeune fille n'était venue la secourir. L'adolescente, quant à elle, s'en tirait avec une cheville foulée.

Tous étaient en état de choc, ébranlés par la vision du village dévasté. Certes, les petites maisons étaient restées debout, mais les dégâts à l'intérieur étaient catastrophiques. Il allait falloir des jours et des jours de travail pour tout reconstruire. Pour commencer, il n'y avait plus un seul morceau de bois sec pour faire du feu. Ils devraient aller le chercher loin, beaucoup plus haut dans la forêt. Une partie des réserves avait été détruite. Outils, vaisselle, ustensiles, tout avait été emporté par la marée, plongeant dans la stupeur la petite communauté.

La jeune fille contemplait cette scène de désolation assise sur un tronc que le vent avait couché quand Hæven la rejoignit.

— Je regrette de t'avoir entraînée sur la plage, dit-il. Tu avais vu juste, nous aurions dû rester au pied de la colline. Là au moins, tu n'aurais pas été blessée.

— Non Hæven, c'est toi qui avais raison, dit-elle, tu as fait le bon choix. Crystæl serait peut-être morte sans ça !

Elle baissa les yeux et poursuivit :

— Je suis désolée de toujours remettre en question ce que font les autres. Je devrais d'abord voir leurs bons côtés, comme tu disais.

Hæven sourit.

— Tu n'es plus fâché ? demanda-t-elle.

— Bien sûr que si ! dit-il en essayant de rugir comme un tigre, sans grand succès.

Il s'assit devant elle et entreprit de lui masser la cheville.

— Je ne te fais pas mal ?

La jeune fille secoua la tête. Du bout des doigts, elle lui effleura les cheveux. Sous les mèches noires, elle sentit rayonner la chaleur de son crâne et trouva ce contact agréable. Hæven tenta cette fois de ronronner, mais sans plus de résultat.

— Il va nous falloir du courage pour tout réparer, dit-il en aidant son amie à se remettre debout.

— J'ose à peine imaginer ce qui nous attend, souffla l'adolescente.

Une chose la tourmentait : qu'était-il advenu des bouteilles ? Si la tempête avait aussi atteint cette partie de l'île, peut-être les avait-elle emportées ?

Elle n'était pas la seule à s'en inquiéter ; au milieu du village, les discussions allaient bon train. Certains voulaient se rendre tout de suite à la crique, d'autres trouvaient qu'ils devaient en priorité réaménager les installations.

— La saison obscure est proche, dit Mæl. Il faut absolument refaire un stock de provisions. Il va de notre survie.

— Je suis d'accord avec elle, renchérit Espæranza. D'après ce que j'ai pu voir, une bonne moitié des vivres a été détruite. Ce qu'il reste ne sera pas suffisant pour tenir durant la longue nuit.

La jeune fille intervint :

— Mais, si j'ai bien compris, notre rôle sur cette île est avant tout de nous occuper des messages, non ?

— Elle a raison, s'exclama Dæmon qui prenait rarement la parole en public. Les bouteilles, c'est important !

Puis, rougissant de sa propre audace, il ajouta :

— Beaucoup.

— Tout est nécessaire et urgent, j'en ai peur, déclara Mærcy. À partir de maintenant, chaque jour compte. C'est pourquoi nous devons nous répartir le travail intelligemment.

Il se tourna vers Græce :

— Où en sont les récoltes, d'après toi ?

— Presque terminées, je pense. En s'y mettant à trois ou quatre, on pourrait avoir fini dans une semaine.

— Bon, reprit Mærcy, voilà ce que je propose : Mæl, Espæranza et Tête de paille, vous vous chargerez de ce travail avec Græce. Sirène et Clæment, vous resterez avec Crystæl pour l'aider à reconstituer le stock de plantes médicinales. Hæven, Dæmon et moi, nous allons à la crique.

— Attendez ! s'exclama l'adolescente. Je voudrais venir avec vous !

Elle chercha à croiser le regard d'Hæven, espérant son appui, mais son ami n'intervint pas.

— S'il vous plaît, implora-t-elle.

— Sois raisonnable, soupira Mærcy. Tu sais à peine marcher avec cette entorse, tu nous ralentirais. Tu seras plus utile ici, crois-moi. N'est-ce pas Crystæl ?

La vieille dame approuva d'un hochement de tête.

Pour ne pas afficher sa déception, l'adolescente tourna les talons et s'éloigna en boitillant.

— Pourquoi ne m'as-tu pas soutenue, Hæven ? Tu me l'avais promis ! siffla-t-elle entre ses dents.

Dans le ciel au-dessus, des mouettes ricanaient sans retenue.

10
La disparition

Sous le camp de toile, les trois hommes resserraient les sangles de la malle où ils avaient rangé les messages collectés ce jour-là, quand Sirène vint vers eux. Elle cherchait la sandale qu'elle avait perdue. Elle se souvenait l'avoir laissée près de l'arbre couché par la tempête – sa cheville était si enflée qu'elle n'avait pas pu l'enfiler – mais depuis, la chaussure bleue restait introuvable. Marcher pieds nus n'était guère commode avec les débris disséminés partout ; cette sandale lui aurait été fort utile, maintenant que l'entorse était guérie. Hélas, aucun des trois ne l'avait vue.

Or, quelque temps plus tard, elle découvrit sur le pas de sa porte une nouvelle paire, fabriquée avec de la corde et du bois. Faire une telle chose demandait une grande habileté. Elle devina que c'était l'œuvre d'Hæven, et le geste la toucha. Chacun cherchait à être utile aux autres ici et, comme le lui avait dit le petit Clæment, tout le monde essayait d'être gentil ; mais ce cadeau était particulièrement attentionné. Elle aurait aimé le remercier, mais l'amertume la retenait. Sans doute lui en voulait-elle encore ? Elle se sentait profondément triste et ne savait comment sortir de cette impasse : aucun des deux n'osait plus aborder l'autre. L'adolescente avait bien tenté quelques gestes de réconciliation, – un compliment appuyé, une cruche d'eau fraîche à son retour de la crique – il ne semblait pas les remarquer. La main d'Hæven lui manquait pourtant. Et la proximité de leurs corps aussi.

Du coin de l'œil, elle le regardait partir avec Dæmon et Mærcy pendant qu'elle entamait son travail au village. Le soleil dessinait sur la plage trois silhouettes dont elle avait du mal à détacher les yeux. Quand ils revenaient après une longue journée, elle voyait leurs sacs remplis et s'imaginait en train de ranger avec eux les messages si précieux. Elle aurait tant aimé les manipuler ! Elle avait été tentée d'ouvrir la malle, une fois, en allant entreposer sa récolte d'herbes aromatiques, mais elle avait fini par y renoncer, prise de remords au dernier moment. « Il ne faut pas les lire », avait dit Mærcy. La curiosité la dévorait pourtant. Elle cherchait à savoir comment ils s'y prenaient, eux trois, pour les extraire des bouteilles sans même y jeter un œil. Y parvenaient-ils réellement ? Comme il était exclu qu'elle questionne Hæven et Mærcy, elle attendait d'être seule en présence de Dæmon pour lui en parler.

L'occasion se présenta alors que le géant venait de se baigner avec Clæment. Il s'était couché sur un rocher pour se sécher tandis que l'enfant, jamais rassasié de jeux, pataugeait à quelques mètres de là.

— Fatigué ? demanda Sirène en s'asseyant à côté de lui.

— Un peu, répondit Dæmon.

Elle cherchait une manière subtile d'aborder le sujet sans trop dévoiler ses intentions.

— J'imagine que ça doit être épuisant de travailler dans la crique.

— Un peu, répéta-t-il.

— Comment ça se passe, en fait ? Raconte-moi.

Dæmon se redressa et se gratta la tête.

— On doit être beaucoup prudents. Y a des goulots cassés, des fois. Et puis elles roulent, faut pas dégringoler le tas.

— Et pour prendre les messages, comment vous faites ?

— Ben… Moi, je les ouvre, parce que je suis fort.

Il fit le geste de ses mains tirant sur un bouchon.

— Après, Mærcy sort les feuilles. Pas facile ! Moi je n'y arrive pas, j'ai des trop gros doigts. Puis Hæven il range les bouteilles dans la cave vidée, que c'est comme un trou dans les rochers.

— Tu veux dire la « cavité » ?

— Oui, c'est ça, la cavité. C'est très dur, parce qu'il doit monter et descendre beaucoup sur l'échelle et…

— Mais Mærcy, qu'est-ce qu'il fait avec les messages ? l'interrompit l'adolescente.

— Il les essuie un peu, puis il les met dans les sacs.

— Et, est-ce que…

Elle hésitait à poser la question qui lui brûlait les lèvres.

— Est-ce qu'il les lit avant de les ranger ?

— Non, dit Dæmon, y a pas le temps ! Mærcy dit qu'il faut se dépêcher d'aller vite pour partir bientôt.

Pendant qu'ils parlaient, Clæment s'était approché sans bruit. Il se pencha au-dessus de leurs têtes, cracha l'eau qu'il avait dans la bouche et fila en riant aux éclats.

— Je vous ai bien eus ! Je vous ai bien eus !

Les deux jeunes gens se lancèrent à sa poursuite. Ils finirent tous trois au milieu des vagues, s'ébrouant comme des chiens fous.

*

Le jour suivant, Sirène fut réveillée par un bruit insolite. Elle rejoignit Crystæl qui contemplait le ciel, assise sur le pas de la porte. Il faisait gris au-dehors, il pleuvait. L'eau qui tombait en gouttes fines et régulières était tiède, mais elle ne tarderait pas à fraîchir, comme le lui expliqua la vieille dame. La saison claire touchait à sa fin. D'ailleurs, la plage semblait rétrécir de jour en jour, signe que la marée montait.

— Le temps est venu de lever le camp, observa-t-elle. Le ciel va s'assombrir rapidement et la température va chuter.

— De toute façon, la récolte est terminée, dit Sirène. Je crois que nous avons fait le nécessaire.

Crystæl passa un bras autour de la taille de sa jeune amie.

— Nous avons bien travaillé depuis la tempête. Maintenant, nous allons devoir emmener ça là-haut. Nous devons nous mettre en route avant les pluies diluviennes, sinon le sentier devient impraticable. Peut-être même faudra-t-il que quelques-uns d'entre nous partent en avance avec les vivres ?

— Moi, je suis prête, en tout cas, déclara l'adolescente.

Elle était impatiente de découvrir la vie d'en haut, de participer à la cérémonie du feu et surtout de recevoir enfin un nom. Il lui semblait qu'elle ne serait complètement elle-même qu'après cela. La vieille dame lui sourit d'un air entendu.

— Bientôt, nous ne t'appellerons plus Sirène, dit-elle. Tu recevras ton vrai nom et ce sera un moment merveilleux.

La jeune fille posa sa tête sur son épaule. Elle songea que c'était bon d'avoir une véritable amie.

*

— Aaaaarrh ! Je n'y arrive pas et ça m'énerve ! lâcha la jeune femme excédée.

— Laisse-moi t'aider, proposa Tête de paille.

Espæranza tentait de refermer son bagage plein à craquer, mais la corde trempée lui glissait des doigts.

La pluie tombait sans interruption depuis qu'elle était apparue. Le ciel s'était couvert d'un plafond couleur cendre. La petite communauté s'apprêtait à quitter le village. On avait bouché l'entrée des maisons avec de grosses pierres pour éviter que la marée n'y fasse trop de dégâts. On s'était réparti les vivres et le matériel en fonction de ce que chacun était capable de porter. Il allait falloir marcher avec son paquetage sur le dos durant toute l'ascension. Chacun redoutait l'épreuve qui les attendait.

Ce jour-là, après le petit-déjeuner, Mærcy avait annoncé qu'il était temps de partir. Ils devaient quitter le village sans tarder. Dæmon, Hæven et lui avaient encore du travail à la crique, mais ils comptaient rejoindre le reste de la communauté le soir même en empruntant le chemin qui grimpait par la face nord. Comme la cadence serait ralentie par le poids des bagages, ils se retrouveraient sur le premier plateau, où il était prévu qu'ils fassent une halte pour dormir.

Le groupe prit donc la route en direction des escaliers rouges. Sirène était enthousiaste à l'idée de découvrir cette nouvelle portion de l'île. Elle partit d'un pas léger, sans se retourner et ne vit pas le signe qu'Hæven lui adressait.

Au début, la randonnée ne fut pas très difficile. Ils évoluaient à couvert sous les arbres, et le sentier qui serpentait au pied de la colline n'était pas très vallonné. Mais au fil des heures, l'exercice fut plus ardu. Après la forêt, ils empruntèrent les escaliers. L'eau qui ruisselait sur les marches irrégulières rendait la progression beaucoup moins aisée. Plus ils prenaient de l'altitude et plus la végétation se faisait rare. Il n'y eut bientôt plus le moindre buisson auquel s'accrocher. La pluie dégoulinait de leurs cheveux et leurs vêtements. La luminosité avait nettement diminué et il fallait être vigilant, car on ne voyait pas toujours où l'on posait les pieds. Espæranza en fit les frais en trébuchant sur une roche. Elle s'en tira avec les coudes écorchés et une large déchirure au pantalon. Mais une pierre qui s'était détachée atterrit sur le crâne de Tête de paille, qui fermait la marche. Le grand type laissa échapper un juron. Quand il releva le nez, il avait le visage couvert de sang.

— Oh là là ! s'écria Espæranza. Je suis tellement désolée !

— Je n'ai rien, ça va, dit-il, juste avant de s'évanouir.

Il y eut un moment de panique. Crystæl, qui se trouvait plus haut, redescendit à la hâte pour l'examiner. La plaie sur son crâne était profonde et saignait abondamment.

— Je n'ai pas de quoi le soigner ici, dit-elle, la mine grave. Il faudrait recoudre l'entaille et y appliquer du baume pour la désinfecter.

— Est-ce qu'il va mourir ? s'inquiéta Clæment.

Mæl le serra contre elle pour le rassurer.

— Ça va aller, dit Sirène qui s'était assise près de Tête de paille.

Elle nettoya la blessure avec de l'eau claire, sortit de son bagage un linge propre et le pressa sur la chair ouverte pour arrêter l'hémorragie. Elle agissait sans réfléchir, comme par réflexe et avec beaucoup d'assurance.

— Je... Je ne vois presque rien, s'alarma Tête de paille en revenant à lui.

— Ce n'est rien, dit la jeune fille. Tu as simplement des cheveux devant les yeux. Reste tranquille.

— Tu te débrouilles bien, déclara Crystæl visiblement impressionnée.

L'adolescente s'étonnait elle-même d'être intervenue aussi spontanément ; elle ne se souvenait pas avoir appris à prodiguer des soins.

Grâce à la compresse, le sang avait cessé de couler. On aida Tête de paille à se relever. Comme il titubait, Espæranza proposa qu'il s'appuie sur elle tandis que Græce et Sirène se partageaient la charge de son bagage.

*

Quand ils arrivèrent sur le premier plateau, leurs vêtements étaient trempés. Ils trouvèrent refuge dans une grotte et s'y installèrent. De là-haut, ils auraient dû apercevoir la plage et le village en contrebas, mais le rideau de pluie bouchait complètement l'horizon. Le bois qu'ils avaient emporté ne s'enflamma pas facilement. Il fallait pourtant faire du feu :

Clæment grelottait et tous avaient besoin de se retrouver au sec un moment. Après un repas frugal, la plupart s'étendirent et ne tardèrent pas à s'endormir.

Crystæl resta éveillée. Pour s'occuper, elle essaya de recoudre le pantalon d'Espæranza. Sirène lui tint compagnie. Régulièrement, elle allait sur le plateau, tendant l'oreille au moindre bruit, puis elle revenait à l'intérieur. Elle s'étonnait que Mærcy, Hæven et Dæmon ne les aient pas encore rejoints. Dans sa légère somnolence, elle revoyait le moment où elle avait rencontré Hæven pour la première fois. Et c'était doux de s'en souvenir.

Bercée par le crépitement de la braise, elle ne les entendit pas arriver. Quand elle prit conscience de leur présence, elle se mit aussitôt debout. Mærcy et Dæmon se tenaient à l'entrée de la grotte ; ils avaient déposé l'énorme malle à leurs pieds.

— Où est Hæven ? s'étonna la jeune fille. Il n'est pas avec vous ?

Elle crut qu'ils n'avaient pas compris, car aucun des deux ne répondit. Elle s'avança vers eux. Dæmon avait baissé la tête, elle sentit l'angoisse lui monter à la gorge. Cette fois, sa voix se fit plus forte.

— Hæven ?

Alertés par son cri, les autres se réveillèrent.

— Qu'est-ce qui se passe ? demanda Clæment en se frottant les yeux.

— Rassemblez vos affaires, il faut partir, annonça Mærcy.

Il y eut un moment de flottement.

— La longue nuit approche plus vite que prévu, poursuivit-il. Nous devons atteindre le sommet avant qu'il fasse complètement noir.

— Mais expliquez-vous, enfin ! s'écria l'adolescente. Où est Hæven ? Que s'est-il passé ?

Comme Mærcy restait coi, elle se tourna vers Dæmon :

— Dæmon, réponds-moi !

Le colosse gardait le visage tourné vers le sol.

— Je sais pas dire, finit-il par lâcher.

Sirène s'était mise à trembler.

— Il est tombé, c'est ça ? Ce sont les bouteilles qui l'ont…

— Non, dit Mærcy l'air désolé. Simplement, il est parti, voilà.

L'adolescente ne comprenait pas. Elle chercha le soutien de Crystæl.

— Oui, ma belle, c'est que le moment était venu pour lui.

11
Une chose que je voulais te dire

— Je ne viens pas avec vous, dit la jeune fille. Partez sans moi.

Personne n'osait prononcer un mot.

— Je comprends ta peine, tu sais, sincèrement, dit Mærcy sur un ton plein de commisération. Je la partage, et nous la partageons tous. Mais c'est inutile de l'attendre, Hæven ne reviendra pas. Il faut que tu te fasses à cette idée.

— Non, je ne peux pas accepter ça ! dit la jeune fille qui sentait la colère monter en elle. Tu dis qu'il est parti, mais où ? On est sur une île, bon sang ! Il ne peut pas être loin !

— J'avoue que je ne comprends pas très bien, moi non plus, renchérit Tête de paille.

— C'est comme ça que ça se passe, dit Crystæl très posément, il ne faut pas chercher d'explications.

— Tous ceux qui vivent sur cette île sont confrontés à cela, ajouta Græce. Je sais ce que tu ressens, Sirène. Je l'ai ressenti aussi au moment du départ de Rænbow. C'est une expérience douloureuse, mais inévitable.

Toute la petite communauté acquiesça en silence.

— À présent, nous devons vraiment y aller, mes amis, insista Mærcy.

Il leva les yeux vers le ciel, la pluie avait cessé. Une percée dans les nuages laissait entrevoir le bleu profond du crépuscule. Le groupe se mit en marche, Clæment en tête. Dæmon avait pris la malle sur ses épaules et à entendre comme il soufflait, il était clair qu'il ne s'agissait pas d'un sac de plume. Crystæl s'apprêtait à les suivre, quand elle vit que la jeune fille restait en arrière.

— Viens, lui dit-elle en lui tendant la main, tu ne vas pas attendre ici toute seule ! Allez, viens, s'il te plaît.

L'adolescente sembla hésiter. Puis, elle lui tourna le dos et emprunta résolument le sentier qui descendait vers la face nord.

*

À mesure qu'elle progressait, la jeune fille sentait son courage revenir. Hæven ne pouvait pas avoir disparu comme ça, sans raison. Ils éprouvaient des sentiments profonds l'un pour l'autre, elle en était convaincue. À moins qu'on l'ait forcé à partir ? Ou peut-être l'attendait-il, en bas, histoire de voir si elle tenait à lui au point de venir le retrouver.

Elle ne connaissait pas le chemin qu'elle était en train de suivre, mais elle se disait qu'il menait forcément à la crique. Au-dessus d'elle, le ciel se dégageait toujours plus et l'adolescente voulut y voir un bon présage.

Cependant, plus elle descendait et plus l'air humide lui transperçait les os. Elle frissonna en pénétrant dans le brouillard qui s'était levé. Elle était partie sur un coup de tête, laissant son bagage là-haut, sans rien prendre pour se vêtir davantage. Elle s'efforça de ne pas y penser. Une seule chose comptait : trouver Hæven à tout prix.

Ses pas la conduisirent à un endroit où la piste se divisait en deux. Elle hésita. Comment savoir laquelle prendre ? Elle choisit le chemin de droite qui obliquait vers l'ouest, espérant retrouver celui qu'elle avait emprunté avec Clæment et Mærcy.

Bientôt, il n'y eut plus à proprement parler de sentier. Elle dut ralentir sa cadence car le sol était glissant. La pente était plus raide et elle craignait pour sa cheville ; une douleur lancinante venait régulièrement lui rappeler sa blessure récente.

Il faisait très sombre à présent. À vrai dire, elle n'avait aucune notion du temps écoulé et de la distance parcourue. Il lui semblait qu'elle marchait depuis si longtemps. Était-elle presque en bas ? La brume l'enveloppait d'un épais silence. *Un silence de mort*, pensa-t-elle.

Elle finit par ne plus savoir où elle était. Elle avançait lentement, pas à pas, testant le sol du bout des orteils avant d'y poser le pied. À tout hasard, elle appela, cria le prénom de son ami, mais elle n'obtint pas même l'écho de sa voix. Elle ramassa un caillou et le lança le plus loin possible devant elle. Il ne fit pas un bruit en tombant. Alors elle sentit la panique la gagner : et si elle se trouvait maintenant à flanc de colline ? Il suffirait d'un seul faux pas pour chuter dans le vide. Elle eut la vision d'une falaise si vertigineuse que le son des vagues ne pourrait monter jusqu'à elle. Elle recula d'un bond, le souffle court ; la peur lui mordait le ventre. Je suis perdue, se dit-elle. Elle cria, cria de toutes ses forces, encore et encore, la voix déchirée par l'angoisse, le cœur empli d'amertume et de rage mêlées.

Où es-tu Hæven ? Réponds, je t'en supplie. Je suis venue te chercher pour te dire que je regrette. Je pensais que nous avions le temps, tout le temps devant nous pour parler, rire et nous réconcilier. Il y a une chose que je voulais te dire. Viens, je t'en prie, c'est une chose importante, tu sais ! Je ne l'ai jamais dite à personne et je ne veux la dire à personne d'autre qu'à toi…

Soudain, elle crut entendre quelque chose. Elle tendit l'oreille, le cœur battant. C'était un souffle. Pas celui d'une respiration, mais un souffle continu, régulier, et qui allait en s'amplifiant. Le souffle devint un grondement, sourd, profond, de plus en plus puissant. Puis, d'un seul coup, l'explosion : une gigantesque colonne d'eau jaillit du fond des ténèbres et s'éleva haut dans les airs, avant de retomber en gerbe d'éclaboussures dans un fracas épouvantable. Terrifiée, la jeune fille se jeta à terre. Elle sentit de grosses gouttes ruisseler sur ses bras et dans son cou. Elles étaient chaudes. Alors, très lentement, elle se redressa. Devant elle, le brouillard s'était un peu dissipé. Son intuition ne l'avait pas trompée, elle se trouvait sur un promontoire rocheux qui surplombait la mer. Quelques pas de plus et c'était la chute. Elle s'approcha du bord. Dans la noirceur des profondeurs, une lumière rougeoyait, tel l'œil géant d'une abominable créature marine. Des remugles de soufre empestaient l'air. *Je suis en enfer*, pensa-t-elle. Une nouvelle explosion retentit. L'adolescente perdit l'équilibre et sa hanche heurta violemment le sol. La trombe d'eau qui s'abattit sur elle était plus chaude encore, presque bouillante. La jeune fille roula, tenta de se raccrocher, mais ses doigts ne trouvèrent rien pour la retenir. Entraînée par la coulée, elle glissa inexorablement vers l'abîme.

*

Les pieds dans le vide, la poitrine comprimée contre la roche, l'adolescente peinait à respirer. Ses doigts avaient trouvé une aspérité à laquelle s'accrocher, mais de seconde en seconde elle sentait ses forces fléchir. Soudain, une chose lui rendit un fol espoir : sur sa gauche, à quelques mètres, elle venait d'apercevoir une échelle, celle-là même qu'elle avait utilisée pour descendre dans la crique. Elle était donc très près du but. Rassérénée, elle entama un délicat mouvement de balancier et, centimètre après centimètre, se rapprocha des échelons providentiels.

Tout à coup, elle sentit qu'on lui tenait les chevilles. Quelque chose l'attirait vers le bas. Comment était-ce possible ? À cette hauteur, elle allait se briser le corps sur l'amas de bouteilles si elle se laissait entraîner. En se tordant le cou, elle entrevit deux longues mains blanches agrippées à ses jambes.

— C'est moi, dit une voix sifflante. Je te tiens.

Les doigts squelettiques resserrèrent encore leur étreinte. À bout de force, à court d'espoir, la jeune fille se laissa glisser.

Par chance, un énorme tas de varechs amortit sa chute. Elle se releva, étourdie, les bras tendus en avant, comme pour tenir à distance un éventuel adversaire.

Une vieille dame échevelée se tenait devant elle. Ses vêtements trempés, battus par le vent, se collaient à son corps maigre, et de longues mèches blanches échappées de son chignon lui barraient le front. L'adolescente la reconnut aussitôt. Elle prit ses mains glacées dans les siennes.

— Tu es venue, dit-elle, les yeux brillants de gratitude. J'ai été stupide, mais je… je ne voulais pas le laisser partir, tu comprends ? J'aurais tellement aimé lui dire…

— Je sais ma belle, je sais.

Alors, en silence, le visage baigné de larmes, elles s'étreignirent.

12
8 heures 12 minutes et 36 secondes

À l'angle de la rue Berri et de la rue Cherrier, une femme dépose un gros sac. Elle en sort une enceinte, branche un micro, effectue des réglages et se lance dans des vocalises. Les gens qui passent lui jettent un bref coup d'œil, quelques curieux ralentissent le pas. Dans sa robe de couleur vive, son corps ondule gracieusement sur une musique douce ; elle chante les yeux fermés. *On dirait qu'elle est ailleurs*, se dit un mélomane qui vient de s'arrêter. *Certains artistes sont comme ça, toujours entre deux mondes, à la fois ici et là, dans le réel et dans le songe*. Au bout d'un moment, un petit attroupement se forme. Et ceux qui l'écoutent sont saisis par l'infinie beauté de cette voix qui console, s'élève, s'envole haut vers le ciel.

Elle dit :

Il y a peut-être une île
Ailleurs loin de tout repère
Où vont chercher un asile
Les âmes qui désespèrent
Où s'en vont les S.O.S.
Abandonnés à la mer
Les messages de détresse
De nos vies en verre

Il y a peut-être une île
Ailleurs un autre univers
Où chacun passe quand il
Cherche sa place sur terre
Où l'on trouve avec justesse
Sa raison d'être et quoi faire
Pour soulager la détresse
De nos vies en verre

DEUXIÈME PARTIE
SAISON OBSCURE

13
Evan

— Evan ?

Le garçon rouvre les yeux. Il tourne la tête vers son voisin de rangée qui vient de lui donner un coup de coude, puis lance un rapide un coup d'œil à l'enscignant, à l'autre bout de la classe.

— Désolé vieux, murmure son camarade, je croyais que tu t'endormais.

En réalité, Evan n'a fermé les yeux qu'une fraction de seconde mais, bizarrement tout lui parait différent, comme s'il venait d'entrer dans la peau de quelqu'un d'autre. Il y a un parfum nouveau dans l'air, une odeur de bord de mer.

Affalé sur sa chaise, il observe son reflet dans la vitre. Ses cheveux noirs, son nez fin, ses longs cils qui lui donnent des airs de personnage de manga. Il se redresse et consulte discrètement son portable. En général, cette première heure est plutôt ennuyeuse, mais aujourd'hui, on ne sait pourquoi, le professeur Rimbaud est particulièrement joyeux. Bien sûr, Rimbaud n'est pas son vrai nom – il se prénomme Raymond –, mais tout le monde l'appelle ainsi en raison de sa passion pour le poète Arthur, son héros. Certains le surnomment aussi Rainbow parce qu'il défend avec ardeur la tolérance en matière d'amour et qu'il arbore fièrement les couleurs de l'arc-en-ciel dans les foulards qu'il noue à son cou.

Evan l'écoute distraitement. Il observe la nouvelle de la classe : une blonde un peu terne, assise deux rangs plus loin. Il ne l'avait jamais vraiment regardée avant ça ; il y a pourtant des mois qu'ils ont cours ensemble. C'est curieux, il n'aurait pas soupçonné qu'elle puisse être marrante, mais là, elle vient de les faire tous rigoler. Evan a l'impression de la voir *réellement* pour la première fois. Elle n'est plus si nouvelle en fait, elle est dans cette classe depuis la rentrée, mais comme elle ne parle à personne, on l'appelle toujours « la nouvelle » pour la désigner. Comment se prénomme-t-elle déjà ? Cindy ? Céline ? Il ne sait plus trop. Cécile ? Oui, Cécile, ça doit être ça. On ne l'évoque pas souvent dans les conversations ; elle est assez effacée. De toute manière, elle pourrait être fluorescente, Evan ne la remarquerait pas. Depuis des semaines, il n'a d'yeux que pour cette jolie brune qu'il croise chaque matin dans la cour. Très mignonne dans ses sandales bleues et son jean moulant qui donne l'impression qu'elle ondule comme une sirène. Il ne l'a pas vue ce matin, il était déçu. La nouvelle, au moins, elle est présente à tous les cours. Et on dirait bien qu'elle a de l'humour, en plus. Evan sourit en repensant au jeu de mots qu'elle vient de faire. Pourtant, elle ne semble pas particulièrement satisfaite de l'hilarité qu'elle a provoquée. Elle est là, tête baissée, le visage dissimulé par un rideau de cheveux, recroquevillée sur sa chaise comme si elle craignait de prendre trop de place. Et puis, à force de la fixer, Evan jurerait que sa tête tremble. Est-ce qu'elle n'est pas… en train de pleurer ? Tout d'un coup, il se sent profondément désemparé. C'est une impression diffuse, mais dont il ressent physiquement la douleur. Il la regarde et il perçoit avec une acuité extraordinaire ce qu'elle éprouve. Comme s'il venait d'entrer dans sa tête et qu'il pouvait lire mot pour mot les pensées qu'elle aurait couchées sur du papier.

*

Le calme est revenu depuis un bon moment, mais Cécile entend encore l'écho des rires dans sa tête. Elle serre les poings pour ne pas laisser voir qu'elle tremble ; surtout ne pas renifler, ne pas pleurer, ne faire aucun bruit.

Elle a voulu répondre à la question écrite au tableau : *Qu'est-ce qu'une allitération ?* Elle se demande encore ce qui lui a pris, elle croyait savoir alors elle a levé la main.

— Une allitération, c'est quand on est malade et qu'on doit rester au lit ?

Toute la classe s'est esclaffée, même le prof.

— Bonne trouvaille ! a-t-il déclaré en essuyant ses lunettes à monture d'écaille.

Quelle trouvaille ? Elle n'a pas cherché à être drôle ! Elle se sent ridicule, son cœur se serre. Elle essaie de sourire pour ne pas perdre la face, mais ses lèvres n'esquissent qu'un rictus. Qu'a-t-elle dit de si amusant ? Depuis les mois qu'elle entend le mot « Alité », depuis le temps que les médecins répètent : « Votre père doit rester alité. S'il se bat, nous pourrons l'aider à vivre encore des années. » Elle a tout de suite pensé à ça en voyant « allitération » en toutes lettres au tableau. Effectivement, elle s'aperçoit maintenant qu'il y a deux « l » dans le mot, et il lui semble – mais elle n'oserait pas le jurer – que « alité » ne prend qu'un seul « l ». Voilà, ça lui apprendra, elle aurait mieux fait de se taire. Elle se sent bête, tellement bête qu'elle voudrait disparaître.

— Un peu de sérieux maintenant, s'il vous plaît, a dit le professeur Rimbaud pour faire revenir le calme.

Et le cours a repris. Et les larmes sont venues. Silencieuses, mais irrépressibles…

*

Evan la fixe toujours. Lorsqu'elle tourne la tête, il lui adresse un clin d'œil. Cécile baisse aussitôt le menton. C'est juste un regard qu'il voudrait réconfortant et amical, mais comment va-t-elle l'interpréter ? Il s'inquiète soudain de ça. Il n'aimerait pas qu'elle croie qu'il se moque d'elle. Il détache une feuille de son carnet et griffonne quelque chose dessus. Puis il se lève, demande à pouvoir se rendre aux toilettes et la dépose devant Cécile en passant. L'écriture est brouillonne, le papier un peu déchiré. Mais les mots la touchent en plein cœur.

Tes cils sont si lourds de soucis
C'est triste de te voir ainsi
S'il te plaît Cécile, souris

14
Une cheminée de verre

Il faisait presque nuit. Deux silhouettes évoluaient dans le brouillard. L'une d'elles était maigre mais vaillante malgré son grand âge. Elle avait de longs cheveux blancs qui lui tombaient sur les épaules. L'autre était une jeune fille. La vieille dame marchait devant, car elle connaissait le chemin. Elle parlait d'une voix douce, réconfortante, un peu usée ; elle décrivait le village d'en haut, au sommet de la colline. L'adolescente l'écoutait, le visage grave, les yeux empreints d'une profonde tristesse. De temps en temps, elle posait une question pour signifier à sa compagne qu'elle lui accordait son attention.

— S'il n'y a pas de végétation là où nous allons, comment fait-on pour se chauffer ? Il faut quand même bien du bois !

— Nous utilisons un système assez simple, mais très ingénieux. Vois-tu, le volcan sur lequel nous nous trouvons est toujours en activité. Tu en as eu un aperçu tout à l'heure avec cette lueur rouge au fond de la mer : c'est en fait du magma, de la lave en fusion, si tu veux. Dans le village d'en haut, nous profitons de cette ressource naturelle. Des galeries ont été creusées dans la roche poreuse, et la chaleur remonte par ces boyaux jusqu'à nos habitations. Nous avons aussi des sources d'eaux chaudes qui permettent de se baigner, même par grand froid.

— Et pour la nourriture ?

— On consomme les récoltes de la saison claire, c'est pourquoi nos provisions sont si précieuses.

— Oui, mais comment fait-on pour cuire sans feu ?

— Nous avons de l'eau bouillante à volonté, on cuisine principalement de cette manière.

— Tu veux dire qu'on ne mange que des aliments bouillis ? grimaça la jeune fille.

— On confectionne également des plats en utilisant la vapeur, c'est très savoureux. Tu n'imagines pas les choses délicieuses qu'on peut préparer ainsi !

L'adolescente plissa les lèvres, l'air sceptique.

— Rassure-toi, poursuivit Crystæl, nous avons aussi des fours raccordés à nos cheminées dans lesquels nous cuisons du pain et même des gâteaux.

La jeune fille parut soudain plus enthousiaste, ce qui fit sourire la vieille dame.

— Tu vas te plaire là-haut, j'en suis sûre.

Elles se turent ensuite un bon moment. Les derniers mètres qui les séparaient du plus haut plateau requéraient toute leur attention tant la piste était raide à cet endroit.

Une fois arrivées, elles déposèrent leurs sacs et s'assirent en poussant des soupirs de soulagement.

— Enfin, nous y voilà ! dit Crystæl. Le plus difficile est fait à présent. Nous avons bien mérité de souffler un peu.

— Nous sommes encore loin du village ?

— Non, non, nous y serons bientôt.

En remontant de la crique, la jeune fille avait récupéré ses bagages laissés dans la grotte. Elle plongea la main dans une poche et en sortit une poignée de pistaches grillées qu'elle partagea avec son amie. C'était peu de chose, car elles étaient affamées, mais cela ferait un encas en attendant un vrai repas.

— Je me demande à quoi on passe le temps là haut, puisqu'il n'y a ni installation à faire ni provisions à récolter.

— Oh ! Sois sans crainte, tu ne t'ennuieras pas ! Comme tu es à la fois mince et robuste, je suppose que tu feras un excellent ramoneur. Ou bien peut-être t'enverra-t-on travailler au fond du puits.

— Au fond du puits ? s'étonna l'adolescente.

— Oui, bien sûr. Enfin… pas tout au fond. Disons juste… à quelques centaines de mètres de profondeur.

Il était évident que Crystæl s'amusait de son trouble.

— Et qu'est-ce qu'on y fait, au fond du puits ?

— Ça, je te laisse le découvrir.

— Non, allez ! Sérieusement, c'est vrai cette histoire ?

— Absolument.

— Tu me fais marcher, j'en suis sûre ! souffla l'adolescente en levant les yeux au ciel.

Elles échangèrent un regard complice et Crystæl trouva que c'était bon de revoir un sourire sur le visage de sa jeune amie.

*

La brume s'était dissipée au fil de leur ascension, elle ne montait jamais jusqu'au sommet de l'île. La grimpée n'en demeurait pas moins une épreuve dans cette obscurité presque totale. Il avait fallu franchir des cols, longer des parois d'où suintait une eau glacée, s'aventurer sur des corniches étroites, enjamber des crevasses vertigineuses. La jeune fille comprenait maintenant pourquoi Mærcy avait voulu qu'ils partent avant la nuit complète. Elle se retournait régulièrement pour évaluer leur progression et éprouvait une certaine satisfaction à voir la distance parcourue ; elle se sentait plus légère à mesure qu'elle prenait de l'altitude. Comme si une part de son chagrin était restée en bas et que l'air en s'éclaircissant la débarrassait peu à peu de son lourd manteau de peine.

À cette distance, le brouillard formait une écharpe de nuages autour de l'île, et par-delà son contour duveteux, la mer s'étendait à perte de vue. Ses eaux miroitantes se confondaient avec le ciel, un ciel d'encre constellé d'une myriade d'étoiles. L'adolescente n'en avait jamais vu autant.

— Lorsque nous ferons la cérémonie du feu au moment des grands froids, elles seront encore plus nombreuses et plus brillantes, déclara Crystæl, au point que tu auras l'impression de pouvoir les toucher.

La jeune fille n'était pas au bout de ses surprises. Au détour du chemin, deux silhouettes surgirent de derrière les rochers.

— Sirène, tu es revenue !

Clæment se jeta dans ses bras et la couvrit de baisers.

— On était tristes que tu sois partie. Beaucoup ! affirma son énorme compagnon en regardant ses doigts.

Lorsque les larmes lui vinrent aux yeux, l'adolescente comprit combien ces deux amis lui étaient chers. Elle se blottit contre la poitrine du colosse qui ne sut que faire de ses mains. Quand ils furent remis de leurs émotions, Dæmon s'empara de leurs bagages et Clæment leur ouvrit la marche jusqu'au village.

— Regarde, Sirène, dit le petit garçon avec fierté.

Posée sur son socle minéral, une gigantesque cheminée de cristal se dressait majestueusement vers le ciel.

*

La colonne de glace brillait comme un diamant sous l'éclat de la lune. Elle était constituée de carreaux innombrables, de tailles et de formes multiples, qui lui donnaient l'aspect d'un immense tronc translucide. Depuis sa base, telles des racines, des galeries de verre conduisaient vers les habitations troglodytes. Elles étaient réparties en arc de cercle, pareillement aux maisons de la plage, mais sur une place beaucoup plus vaste. Une douce lumière orangée émanait de leurs fenêtres. Le village d'en haut avait été construit sur l'un des cratères depuis longtemps éteints.

Les deux femmes furent accueillies avec une joie manifeste par la petite communauté. Tous les entourèrent et les étreignirent. L'adolescente constata que Mærcy n'était pas parmi eux et elle en fut soulagée. D'une certaine manière, elle le tenait pour responsable de la disparition d'Hæven, et durant l'ascension, elle s'était demandé comment elle réagirait lorsqu'elle le reverrait ; elle était heureuse que cette confrontation soit repoussée à plus tard.

Mæl les invita à prendre le thé en attendant que le repas soit servi dans la salle commune. Ensuite, on les conduisit dans leurs appartements respectifs. Là-haut, chacun possédait sa propre habitation. La jeune fille fut étonnée de découvrir combien ces petites niches creusées dans la roche étaient confortables et bien conçues. Rien ne manquait : cuisine, salon, salle de bain et chambre à coucher ; sans compter le mobilier, le linge de maison et la vaisselle en abondance. Elle remarqua que la plupart des ustensiles étaient en verre, de même qu'une partie des meubles. L'air chaud qui remontait des entrailles du volcan diffusait une température constante et agréable, comme l'avait expliqué Crystæl. L'adolescente se sentit tout de suite à l'aise dans son nouveau lieu de vie. Une fois seule, elle fit sa toilette et se changea. Elle fut prompte à se préparer, car elle était impatiente de prendre le repas avec tous les autres au centre de l'impressionnant ouvrage de verre. Aussi ouvrit-elle avec entrain lorsqu'on frappa à sa porte. Mærcy se tenait devant l'entrée. L'homme en costume lui adressa un franc sourire qu'elle se garda bien de rendre.

— Je suis rudement content de te revoir, dit-il. Il nous manquait une créature marine dans ce grand aquarium !

Il paraissait sincère et la jeune fille en fut touchée, bien malgré elle. Comme elle ne se déridait pas, il dit sur un ton solennel :

— La sirène aux pieds bleus accepterait-elle d'honorer notre repas de sa présence ?

Devant les efforts un peu ridicules qu'il faisait pour détendre l'atmosphère, l'adolescente résolut de taire sa rancœur et le suivit.

*

Le cœur de la cheminée était le lieu de tous les rassemblements : on se retrouvait sur cette place pour manger, discuter d'une question à résoudre et célébrer les événements importants de la saison obscure. Au centre d'une estrade de pierre, la malle trônait, bien en évidence, sur un petit bûcher. C'est par cette majestueuse tour de verre que les étincelles rejoignaient le ciel lors de la cérémonie du feu. Mærcy lui expliqua que chaque carreau qui constituait ses parois avait été réalisé par un habitant de l'île.

— Tu auras aussi l'occasion de fabriquer le tien et nous l'intégrerons à la structure lorsque tu recevras ton nom.

La jeune fille frissonna à l'idée que ce moment viendrait bientôt. Elle écoutait, s'émerveillait de chaque chose, et dans cet instant presque joyeux, elle ressentait plus vivement encore l'absence d'Hæven. Comment avait-il pu quitter cet endroit ? Pourquoi avait-il fait ce choix ? Et où était-il à présent ? Tellement de mystères restaient à élucider. Elle espérait bien trouver des réponses dans la noirceur de cette nouvelle saison.

Une table ronde avait été dressée au centre de la salle. L'adolescente prit place à côté de Clæment qui la suivait partout depuis son retour, comme s'il craignait qu'elle s'en aille à nouveau. Lorsque tous furent assis, on leva son verre à la longue nuit qui venait de commencer, en faisant le vœu qu'elle soit source de bonheur pour chacun.

C'est ainsi que la jeune fille prit son premier repas au village d'en haut, sous le lustre immense et scintillant de la voûte étoilée.

15
Comment tu t'appelles

La jeune fille se passa un mouchoir sur le front. Elle était en sueur. Il faisait une chaleur suffocante à l'intérieur du puits.

— Ça va ? lui demanda Dæmon.

— Oui, ne t'inquiète pas.

— Il faut boire, beaucoup, dit-il en lui tendant une gourde.

À cet endroit, dans les entrailles du volcan, on ne pouvait rester plus d'une demi-journée à la fois, le corps n'aurait pu en supporter davantage. Le travail consistait à manipuler la matière en fusion avec des outils qui réclamaient de la force et de la précision. Il fallait garder les idées claires malgré les émanations de gaz qui étourdissaient l'esprit. C'était ce que l'adolescente appelait « jouer avec le feu ». Elle s'était prise de passion pour cette activité, elle voulait connaître parfaitement l'art de façonner le verre. Dæmon, qui était passé maître dans le domaine, lui apprenait chaque jour de nouvelles techniques : comment le souffler, comment le couler dans un moule, comment le colorer, le tailler, le sculpter. Les fours étaient directement alimentés par la chaleur de la lave qui remontait des profondeurs. Le verre provenait de la crique. Les bouteilles fournissaient une matière première très utile, mais il était surtout nécessaire de les évacuer afin que d'autres puissent prendre leur place la saison suivante. Ainsi, une fois qu'elles avaient délivré leur message, elles étaient entreposées dans une cavité où la mer s'engouffrait pendant la saison obscure. Poussées par la marée, elles remontaient le long d'une large artère qui courait au cœur de la colline. Elles finissaient leur ascension dans une vaste caverne. Restait ensuite à les acheminer jusqu'au puits. Cette tâche qui nécessitait de passer par un boyau étroit avait été confiée à Clæment et à Mæl, eu égard à leur petite taille.

Comme ces activités sous terre comportaient de réels dangers, elles étaient toujours exécutées par des équipes de deux personnes. L'adolescente aimait travailler avec son partenaire. Dæmon était consciencieux, calme, patient. Il avait un véritable don pour transmettre ses connaissances et prenait plaisir à le faire. La jeune fille se sentait en sécurité avec lui. Elle appréciait également les longs silences qu'il y avait entre eux. Dæmon ne cherchait pas à les combler par de vaines conversations, signe qu'ils étaient à l'aise l'un avec l'autre.

— On devrait remonter, dit-il, alors qu'il l'observait. Tu as l'air fatiguée, un peu.

— C'est vrai, reconnut la jeune fille. Et j'ai faim.

Ils rangèrent leurs outils et firent une courte pause. Lorsqu'on travaillait dans le ventre du volcan, il fallait rester à l'écoute de son corps pour sentir quand le moment était venu de s'arrêter. Ils regagnèrent la surface à pas mesurés, les membres las, les muscles endoloris.

Une fois au-dehors, ils s'enveloppèrent dans d'épaisses couvertures. L'écart de température entre le puits et l'extérieur était tel qu'ils seraient tombés instantanément en hypothermie sans cette précaution. L'adolescente adorait ce moment. Elle aimait sentir la douceur de la laine sur sa peau frissonnante, l'air pur et glacé qui pénétrait dans ses poumons. La nuque raidie par l'effort, elle levait la tête et contemplait les étoiles, avec la sensation grisante d'être étourdie de fatigue.

Comme souvent, au moment où ils pénétraient dans le village, Crystæl vint à sa rencontre.

— Ça s'est bien passé, en bas ?

— Très bien, dit la jeune fille, en s'étirant pour soulager sa colonne. Dæmon m'a montré comment polir les angles de mon vitrail et je l'ai enfin terminé. Je suis assez fière du résultat, tu veux le voir ?

— Bien sûr !

L'adolescente prit la plaque de verre dans sa besace. Elle était large et parfaitement lisse. Des incrustations de poussières minérales formaient des arabesques en son centre, tandis que ses contours étaient sertis d'un fin liseré d'or.

— C'est très réussi, dit Crystæl.

— Beaucoup, ajouta Dæmon.

— Merci, répondit la jeune fille, visiblement émue. Et pour toi, Crystæl, la journée a été bonne ?

— Oh oui. C'était une journée… spéciale !

La vieille dame écarta les tentures et les fit pénétrer dans la salle commune. Le lieu avait été entièrement décoré. Un tapis de fleurs séchées traçait un chemin sur le sol jusqu'à l'estrade. Tout autour, on avait disposé des photophores par centaines ; leurs flammes vacillantes conféraient à l'endroit un aspect féérique.

— Ça alors ! s'exclama l'adolescente. C'est toi qui as fait ça ?

— Je n'étais pas seule ! Espæranza et Mærcy m'ont beaucoup aidée.

— Mais… Que fêtons-nous ?

— Tu devrais plutôt dire QUI fêtons-nous !

Crystæl lui décocha un clin d'œil.

— Le moment tant attendu est venu, reprit-elle plus bas. À ta place, j'irais faire ma toilette sans tarder. À moins que tu te fiches d'être mise à l'honneur avec la peau luisante et les cheveux poisseux.

*

La jeune fille avait revêtu la robe qu'elle portait lors de son premier repas sur l'île. C'était un vêtement très simple, un tissu vaporeux qui voletait à chaque mouvement et lui donnait non plus l'apparence d'une sirène, mais la majesté d'une méduse. Sans doute était-ce une tenue trop légère pour la saison, mais la chaleur de l'émotion qui l'étreignait lui faisait oublier le froid du dehors. Le cœur battant, elle prit place dans la première travée, à côté de Clæment. Toute la communauté était déjà rassemblée. En se tortillant d'impatience, l'enfant lui chuchota à l'oreille :

— T'as la trouille ?

— Oui, beaucoup, avoua la jeune fille.

Elle sourit en constatant qu'elle commençait à s'exprimer comme son compagnon de travail.

— Moi, je suis un peu triste, déclara Clæment. Parce que maintenant on ne pourra plus t'appeler Sirène, et je trouve que ça t'allait bien.

L'adolescente eut soudain une bouffée d'angoisse :

— Et si ce nouveau nom ne m'allait pas ?

— Ben si, il t'ira bien, c'est sûr.

— Comment le sais-tu ?

— Parce que c'est ton vrai nom, tiens !

L'assemblée s'était tue. Espæranza et Mærcy montèrent sur l'estrade. Après un bref conciliabule, ils invitèrent Tête de paille à les rejoindre.

— La tradition veut que notre communauté trouve le prénom de chaque arrivant sur l'île, dit la jeune femme en s'adressant à son ami d'un ton solennel. Nous nous sommes donc posé la question de savoir comment tu t'appelles. Nous t'avons découvert, nous t'avons observé, nous t'avons écouté, et nous nous sommes entendus sur le nom qui est le tien.

— Nous ne t'appellerons plus Tête de paille ou Meule de foin désormais, plaisanta Mærcy. Nous savons aujourd'hui que tu t'appelles… Frænd.

Le grand type passa distraitement les doigts sur la cicatrice de son crâne en dévisageant l'assemblée.

— Frænd, prononça-t-il à voix basse. Oui, c'est bien ça… C'est moi, dit-il plus fort, je m'appelle Frænd.

Des cris de joie retentirent. Espæranza lui remit un fin bâtonnet sur lequel était fixé un diamant. Elle lui indiqua comment graver son nom sur la pièce de verre qu'il s'était fabriquée. Frænd s'exécuta, puis il le brandit avec fierté au-dessus de sa tête et fut chaleureusement applaudi.

Ensuite, tous se turent à nouveau, car Crystæl avait levé la main pour prendre la parole.

— Est-ce que Græce est ici ?

— Oui Crystæl, je suis là, répondit la femme ronde de sa belle voix.

— Bien. Et Clæment ?

— Je suis là aussi.

— Parfait. Et toi, Edæn ?

— Oui, je suis…

Tous les regards se tournèrent vers la jeune fille qui avait répondu spontanément.

— Voilà, dit simplement Crystæl, tu as reconnu ton nom. Tu t'appelles Edæn.

*

L'adolescente ne savait où donner de la tête – Edæn par-ci, Edæn par-là – tant le tourbillon des compliments l'étourdissait. Elle fut félicitée, échangea des étreintes et dut essuyer quelques larmes ; l'animation était vive, le bonheur palpable. Un plantureux repas fut servi sur la table ronde. On mangea sans réserve pour célébrer l'événement. Les plats se succédaient, variés et délicieux : tourtes fumantes, tartes flambées, pâtes et pâtés, sauces onctueuses et gâteaux à profusion. La vaisselle étincelait dans la lumière des bougies. Le petit Clæment qui s'était endormi au milieu du dessert fut porté dans sa chambre sans qu'il se réveille. On chanta, on dansa, on rit beaucoup.

La nuit connut son apothéose quand vint le moment d'accrocher les nouveaux carreaux dans les hauteurs de la cheminée.

Edæn et Frænd prirent place tour à tour à bord d'une nacelle suspendue à la structure. Un système complexe de poulies et d'engrenages permettait qu'elle s'élève jusqu'au sommet. Ainsi, ils ajoutèrent leur vitrail aux milliers de milliers d'autres, innombrables, qui constituaient les flancs du cône translucide.

Une fois seule dans la nacelle, Edæn fut prise d'un léger vertige. Elle se souvint du pari fou qu'elle avait fait avec Hæven en grimpant à la cime des arbres géants. Ces images ravivèrent la douleur qui s'était amenuisée avec le temps. *Hæven, Edæn.* Comme ces deux prénoms sonnaient bien ensemble, comme ils allaient bien l'un avec l'autre. Elle aurait aimé les entendre dans la bouche de celui qu'elle chérissait. Elle aurait tant souhaité susurrer pour lui seul *Edæn aime Hæven*. Mais cette belle assonance avait-elle un sens ? Fallait-il y voir la promesse qu'un jour ils seraient réunis ? C'est en tout cas la signification qu'Edæn voulait trouver dans ces noms si parfaitement assortis.

Quand la nacelle amorça sa descente, elle regarda de tous côtés, espérant apercevoir le carreau de son ami ; mais bien sûr elle ne le vit pas, il y en avait tant. Elle fut d'autant plus surprise de découvrir celui de Clæment, très reconnaissable avec sa signature malhabile de jeune enfant. Elle sourit en constatant que le petit garçon n'était jamais loin, et elle comprit que c'était une chance, car sa présence faisait toujours du bien.

16
Clément

— Clément ?

Le gamin tourne son visage rêveur vers l'enseignante. Ses longs cils battent l'air, jolis papillons noirs qui le ramènent au réel.

— Tu viens, mon ange ? dit la jeune dame qui lui sourit avec les yeux, à la manière d'un chat.

Il prend la main qu'elle lui tend et rejoint le reste de la classe à l'entrée de la station. Une personne pressée les précède. Clément ne peut détacher les yeux de ses cheveux roux qui dansent comme des flammes dans son dos. Les enfants empruntent l'escalier mécanique. Ils passent en piaillant devant une petite dame assise par terre, en plein courant d'air. En bas, sur le quai, la femme à la chevelure de feu fait les cent pas. Quand la rame de métro s'avance, elle se glisse dans la foule des voyageurs en transhumance. Les enfants montent dans le même wagon. L'enseignante qui les encadre a bien du mal à les contenir ; elle n'élève pourtant pas la voix, conserve son calme, parle avec douceur et, du haut de sa petite taille, pose sur chacun son regard attentif.

— On reste bien ensemble, on descend dans quatre stations.

Une adolescente en jean et sandales s'agrippe à la barre pour ne pas heurter le petit garçon qui se dandine d'un pied sur l'autre.

— Madame Maëlle, je dois aller aux toilettes !

— Patience, Clément. Tu t'y rendras dès qu'on arrive au cinéma.

Du pouce, elle efface une trace de collation sur sa joue.

La femme rousse s'est assise sur la banquette à côté d'eux. Elle replie ses jambes pour leur faire de la place. Elle regarde les enfants, observe l'enseignante, admire son aisance, jalouse sa patience. Elle baisse les yeux. Des idées sombres lui envahissent l'esprit. Elle se dit…

…Comment en suis-je arrivée là ? Tout avait si bien commencé. C'était une belle histoire, il me semble, elle aurait pu durer. Il m'aimait au début, oui, je suis sûre qu'il m'aimait. « Tu es ma fiancée, ma fée en feu, la flamme de ma vie », chantait-il

en faisant la cuisine. Quand j'y repense, j'ai l'impression que le ciel était toujours clair à cette époque. Et comme on était heureux, dans notre minuscule appartement, si fiers des premiers meubles qu'on s'était achetés. Ça ne valait pas grand-chose, mais c'était à nous, rien qu'à nous ! On avait pu payer sans faire de crédit, sans devoir rien à personne : la penderie, les chaises en plastique, le canapé. Qu'est-ce qu'on a pu faire comme folies sur celui-là ! Pas étonnant que le gamin soit venu très vite après ça. Et sa naissance ! Jamais je n'avais connu un tel bonheur. Je me revois, le serrant dans mes bras, je pleurais, il pleurait, son père pleurait. C'était la première fois que je pleurais de joie, il me semble. Peut-être bien la dernière aussi. C'est vrai, après c'est devenu… compliqué. On pensait se faire une vie tranquille, à l'abri des tracas, mais les soucis sont venus quand même. Et on a eu du mal à les surmonter.

Le gamin a grandi, il faisait beaucoup de bruit, poussait des cris, il était plus nerveux, plus agité que les autres enfants de son âge ; je le voyais bien quand j'allais le rechercher à la crèche. Plus tard, à l'école, je le trouvais souvent seul dans la cour. On l'appelait « tache de vin » à cause de la marque de naissance qu'il a sur le nez. Il était déjà difficile. Pas encore comme maintenant, il n'était pas violent, mais il n'écoutait rien de ce que je disais, il faisait sans cesse des colères. Moi, ça me mettait les nerfs en boule. Parfois, il m'arrivait de crier, de hurler plus fort que lui. Puis je partais au travail, le cœur défait, persuadée d'être la plus mauvaise mère de la terre.

Son père s'en sortait pas mal avec lui, il savait mieux s'y prendre, je crois. Mais bon… Il savait aussi s'y prendre avec les femmes. Les derniers temps, il rentrait de plus en plus tard. Je sentais bien que les choses allaient de travers, mais je ne voyais pas comment remettre tout d'aplomb. J'étais dépassée, je ne prenais plus soin de moi, j'étais moche, c'est sûr. Moche à l'intérieur, moche à l'extérieur. C'était une évidence, il allait me quitter. Quand je lui ai dit que j'en avais assez, il n'a pas fait le moindre commentaire. Le lendemain, il est parti au boulot et il n'est plus revenu. Je crois que je ne lui en veux pas. On s'appelle parfois, pour des questions d'argent, mais il est réglo, ça va. Le gamin est un peu plus calme maintenant qu'il est dans cet établissement spécialisé. Il prend le bus, il se débrouille ; ça me soulage. Pourtant, je me sens mal. Sans arrêt. Du soir au matin, il y a cette tristesse qui me pèse ; une pierre dans le ventre. J'évite de me plaindre, je sais bien que des millions de gens vivent des choses plus pénibles, et je ne parle à personne de ce que je ressens. Mais dans mes pensées, je lance des appels au secours, je jette des bouteilles à la mer. Je ne supporte plus de ne pas être aimée. Je crève de ne pas être aimée ! Je me sens seule. Et la peine m'enlaidit le cœur…

La femme se sert de son portable pour vérifier son maquillage ; elle scrute son visage, passe un doigt sur ses cernes et soupire. Plongée dans ses réflexions, elle ne prête pas attention au petit garçon qui la fixe. Elle ne prend conscience de sa présence que lorsqu'il lui adresse la parole.

— J'aime bien tes cheveux rouges, madame.

Elle le regarde, un peu surprise. Il est mignon avec ces longs cils noirs et cette fossette au menton.

— Merci, dit-elle.

Le gamin la dévisage et hoche la tête, comme s'il constatait une évidence :

— Moi, je trouve que tu es belle.

La femme ne sait quoi répondre, elle s'étonne de son trouble, elle sent que ces mots la touchent. Une voix annonce : « Station Beaubien ». Le métro ralentit puis s'arrête.

— Allez, les enfants, c'est ici qu'on descend, dit l'enseignante.

Les portes du compartiment s'ouvrent et le petit garçon sort avec sa classe. Quand le métro reprend sa course, la femme rousse le suit des yeux ; elle surprend son propre reflet dans la vitre et elle sourit. Pour la première fois depuis des mois.

17
Le roi des cavernes

À l'abri du froid sous l'immense verrière, Edæn se tenait debout, une tasse à la main. Après une journée de travail et un repas réconfortant, elle contemplait la neige qui s'était mise à tomber. Déjà, les contours des sommets rocailleux étaient adoucis par un duvet de velours recouvrant tout le paysage.

La jeune fille se sentait sereine, avec la sensation d'être à sa place grâce à ce nom qu'on lui avait donné et qui lui semblait être le sien depuis toujours.

Puisqu'il n'était plus nécessaire qu'elle descende dans le puits, on lui avait attribué d'autres tâches : il s'agissait de nettoyer les conduits de chauffage des habitations en les ramonant à l'aide d'une longue tige souple, un peu comme on se cure les oreilles. C'était curieux, d'ailleurs, de constater que les sons se propageaient à travers les tuyaux à la manière de canaux auditifs.

Espæranza lui avait montré comment procéder : on se glissait dans une trappe située au-dessus de chaque appartement – un couvercle permettait d'y pénétrer, telle l'entrée d'un sous-marin – et l'on grattait la suie avec une brosse hérissée de piquants. Edæn était donc devenue ramoneuse, comme le lui avait prédit Crystæl. Cette pensée la fit sourire.

— Tu veux du chaud ? demanda Dæmon qui s'était approché avec la théière.

Il servit le liquide fumant et resta près d'elle à observer le ballet des flocons en tutu.

— C'est tellement beau ! dit Edæn en portant la tasse à ses lèvres.

— Oui, ajouta Dæmon. Beaucoup.

Soudain, un cri retentit dans leur dos.

— Il est parti ! s'écria Mæl.

La petite femme venait de faire irruption dans la salle. Tout le monde se pressa autour d'elle.

— Qui ? Qui est parti ? s'inquiéta Frænd.

— Clæment ! dit Mæl d'une voix vibrante. Je l'ai cherché partout, il a disparu !

— Personne ne sait où il est ?

L'anxiété se lisait sur tous les visages.

— On ne l'a pas vu au repas, fit remarquer Græce.

— Il est peut-être redescendu dans la caverne ? suggéra Espæranza.

— Non, j'en reviens à l'instant, il n'y est pas. De toute façon, je ne crois pas qu'il y serait allé seul, et certainement pas sans sa lanterne ! Or, elle est là, à sa place, sur l'étagère.

— Mærcy, peut-être il sait ! s'exclama Dæmon.

— Je lui ai demandé, il ne sait pas non plus, dit la jeune femme menue en s'essuyant les yeux.

— Et tu es sûre que le gamin n'est pas dans sa chambre ? insista Frænd.

— Absolument.

— Alors, souffla Espæranza, c'est que… son tour était venu.

— Oh, non, non, non ! répéta Dæmon, en agitant la tête.

Lorsque le doux géant fondit en larmes, ses pleurs fendirent les cœurs aussi profondément que le gel fend la pierre.

*

— Je vous ai bien eus ! Je vous ai bien eus ! criait le petit garçon en maillot de bain.

Il avait grimpé discrètement sur le rocher où Edæn et Dæmon se séchaient, et avait projeté sur eux l'eau qu'il avait dans la bouche. D'un bond, les deux jeunes s'étaient lancés à sa poursuite. Ils avaient fini tous les trois au milieu des vagues, riant et s'éclaboussant à qui mieux mieux.

Tenue en éveil par des souvenirs qui lui déchiraient le cœur, Edæn se tournait, se retournait dans son lit. Elle aurait tant voulu que Clæment surgisse et que sa disparition ne soit qu'une farce de plus. Elle s'efforçait de penser à autre chose, cherchait dans sa mémoire d'autres images qui l'emmèneraient au large de sa peine, mais toutes la ramenaient toujours aux mêmes rivages sensibles. Impossible de fermer l'œil ; elle se leva, s'habilla.

En entrant dans la salle commune, elle fut soulagée d'y trouver Crystæl et Mæl, assises sur les marches de l'estrade, dans la lueur vacillante des bougies qu'elles avaient rallumées.

— Alors toi non plus, tu n'arrives pas à dormir ? demanda Mæl.

— Pas moyen, soupira Edæn en prenant place près d'elles. Quoi que je fasse, Clæment est là, dans ma tête.

— Pareil pour moi, souffla Mæl. Je repense à tous les bons moments que nous avons eus ensemble. J'ai connu le départ de plusieurs d'entre nous, mais cette fois je ne parviens pas à me faire à l'idée que je ne reverrai plus mon petit compagnon de travail.

— C'est difficile à accepter, en effet, dit Crystæl.

Edæn s'aperçut que la fatigue marquait profondément le visage de la vieille dame, – elle ne l'avait jamais vue comme ça – ou bien était-ce la tristesse qui parcheminait sa peau ? Un léger tremblement agitait ses mains.

— Tu te souviens, dit-elle en s'adressant à Edæn, comme il était fier quand tu l'avais appelé « le petit roi des cavernes » ?

Il le répétait à tout le monde : tu sais que moi je suis le roi des cavernes, c'est Sirène qui l'a dit !

— Oh oui, je m'en rappelle très bien ! Seulement, la première fois, il s'était mis à pleurer parce que j'avais dit le PETIT roi.

— Mais après il remontait ses bouteilles avec encore plus d'entrain, compléta Mæl. « Laissez passer le roi des cavernes ! » fit-elle d'un ton joyeux, en imitant les gestes de l'enfant.

Le visage d'Edæn s'assombrit.

— Où peut-il être maintenant ? souffla-t-elle. Je n'arrive pas à comprendre ce qui se passe ici. Tu vas nous redire, Crystæl, que le moment était venu pour lui, mais franchement, qu'est-ce que ça signifie ?

Au lieu de répondre, la vieille dame se leva, chaussa ses bottes puis s'enveloppa dans une couverture.

— Venez, dit-elle enfin.

Edæn et Mæl l'imitèrent et la suivirent au-dehors.

La neige avait cessé de tomber, le froid piquant leur mordit les joues. À chacun de leurs pas, leurs semelles s'enfonçaient en faisant craquer la couche de givre. Elles montèrent sur une butte qui dominait le panorama. Au-dessus d'elles, le ciel était parfaitement dégagé.

— Qu'est-ce qui nous amène ici, à votre avis ? demanda la vieille dame. Qu'est-ce qui vous a conduites sur cette île ? Comment se fait-il que vous soyez arrivées sur ce bout de terre minuscule, alors que la mer est si vaste ? Il y a forcément une raison ! Nous avons quelque chose à faire dans cet endroit, n'est-ce pas. Mais quoi ?

Elle leva les yeux vers la voûte céleste.

— Ceux qui ont disparu avaient sans doute trouvé. Peut-être chacun doit-il attendre de recevoir sa propre réponse, parmi des milliers de milliers d'autres possibles ? Peut-être y a-t-il pour chacun une bonne étoile cachée dans ce ciel clément ?

Edæn ne comprenait pas ce que voulait dire Crystæl. Mais en l'entendant prononcer le prénom de l'enfant, elle réalisa qu'il y avait en toute chose plusieurs significations.

*

Plus tard dans sa chambre, pour que le sommeil daigne venir enfin, Edæn se rejoua en boucle ce moment qu'elle avait partagé avec ses deux amies sur l'estrade entourée de bougies. Leur visage apparaissaient tour à tour, leur voix prononçaient les mêmes mots, les répétaient, encore et encore et encore.

Brusquement, une image l'extirpa de ses songes ; elle se redressa, le cœur battant. Elle venait d'avoir la vision très nette de la lueur des flammes à travers la grande malle. Comment la lumière pouvait-elle traverser les parois de la caisse, alors qu'elle était remplie de messages ? Se pouvait-il qu'elle soit…

18
La trappe sur le toit

Vide ? La malle était vide ? Non, ce n'était pas possible, ça n'avait pas de sens ! Pourquoi laisser croire qu'on allait brûler les messages, alors qu'en réalité ils ne se trouvaient plus là ? Dans quel but ? Et qui ferait une chose pareille ? Quelqu'un qui voudrait les lire en secret ? « Mærcy dit qu'il ne faut surtout pas, qu'on en mourrait de chagrin », lui avait répété Hæven. Avait-il été trop naïf ? L'homme en costume leur mentait-il à tous depuis le début ?

Edæn essaya de se raisonner : sa mémoire lui avait peut-être joué un tour, elle ne pouvait pas se fier à une simple vision apparue dans un rêve. *Je dois commencer par me calmer*, se dit-elle, *ne pas m'emballer, garder mon sang-froid. Il faut d'abord que je dorme, je vérifierai ça à tête reposée. Mais, si quelqu'un cherchait à m'en empêcher ? Ne vaudrait-il pas mieux y aller tout de suite ?*

Quelque chose dans sa nature profonde la retenait d'agir en même temps qu'une force intérieure la poussait à dépasser ses craintes ; son corps tout entier tremblait sous la pression du combat qu'elle menait avec elle-même. Elle s'étendit sur son lit. Se retourna. Ferma les yeux, les rouvrit, les referma. Et ainsi de suite, avant de comprendre qu'il ne servait à rien d'insister : décidément, le sommeil ne reviendrait pas.

*

— Salut Edæn, dit Espæranza en forçant un sourire.

La jeune femme dressait la table pour le petit-déjeuner. À voir les cernes sous ses yeux, elle n'avait pas beaucoup dormi, elle non plus. Ils étaient déjà plusieurs à s'activer dans la salle commune. Sur l'estrade, Græce chantait très bas, les yeux fermés comme à son habitude.

— J'adore cet air, dit Frænd à voix basse en disposant sur une assiette des scones dont il raffolait. C'est tellement doux. On dirait une caresse, ou… un baume pour apaiser la douleur.

Edæn alla remplir une cruche et se servit à boire. L'eau glacée lui donna la sensation d'être nettoyée de l'intérieur, cela lui fit du bien. Elle observa la malle juchée sur son bûcher et, regrettant finalement de ne pas être venue plus tôt, elle se dit qu'elle attendrait d'être seule pour vérifier ses suppositions : elle voulait éviter de passer pour une idiote si elle se trompait et, dans le cas contraire, elle savait que cette révélation aurait l'effet d'une bombe ; il fallait donc agir avec prudence, choisir le moment opportun.

Espæranza posa une main sur son épaule.

— Tu vas pouvoir te débrouiller dans les trappes ? Tu as l'air si fatiguée ! Je peux t'aider si tu veux.

— Non, ça ira, je te remercie, répondit Edæn.

Comme Mærcy prenait place à table, elle partit enfiler sa tenue de travail.

*

Pour éviter d'avaler la poussière, Edæn portait un foulard qui lui couvrait la bouche et le nez. Il faisait chaud dans les trappes et il fallait constamment lutter contre la somnolence qui vous gagnait immanquablement. La tâche n'était pas compliquée en somme, ni exténuante, c'était surtout salissant, et en fin de compte assez ennuyeux.

Après s'être occupée de l'appartement de Mæl, elle se rendit chez Frænd. Elle commença par obstruer les conduits avec des chiffons pour éviter que la suie se répande dans l'appartement. Tandis qu'elle ramonait, Edæn ruminait : elle était sidérée de constater que personne ne cherchait à percer les secrets de l'île. Était-elle la seule à vouloir comprendre ? Quand elle travaillait avec Dæmon, elle avait essayé d'obtenir son avis, mais le jeune homme restait évasif, guère plus loquace qu'au moment de la disparition d'Hæven. *Je ne sais pas dire*, se contentait-il de répondre. Qu'advenait-il de ceux qui étaient partis ? Où se trouvaient les messages s'ils n'étaient pas dans la malle ? Rongée par ces questions qui la mettaient en rage, elle s'acharnait sur sa brosse, toussait, crachait, pestait contre la crasse qui encombrait ses bronches. Elle ne savait pas que cette tâche ingrate lui offrirait la chance de percer une part du mystère.

*

Edæn avait retiré ses chiffons et commençait à ranger son matériel quand elle entendit du bruit en dessous d'elle. Frænd venait de rentrer. Le son de ses déplacements lui parvenait distinctement par les tuyauteries. Cette situation la mit mal à l'aise ; en l'écoutant à son insu, elle avait la sensation de violer son intimité. Elle s'apprêtait à l'avertir de sa présence au moment où trois coups furent frappés à la porte. Plusieurs secondes s'écoulèrent avant que Frænd se manifeste. Lorsqu'il ouvrit, elle reconnut tout de suite la voix.

— Excuse-moi de te déranger, Frænd. Pourrais-tu m'accorder un moment ?

— Bien sûr. Entre, je t'en prie.

— Je viens te voir pour quelque chose de très important, dit Mærcy en refermant derrière lui.

*

Les deux hommes devaient s'être retirés dans la pièce du fond, car leurs échanges ne montaient plus aussi distinctement jusqu'à Edæn. Pour ne rien perdre de ce qui se disait, elle se força à ne plus bouger et tenta de contrôler sa respiration.

— … Oui, c'est ça, ceux qui se trouvaient dans les bouteilles… Nous les conservons précieusement… Plus tard, dans le village d'en haut… Bien sûr, nous les brûlons, mais avant cela…

Un bruit de vaisselle puis le grincement d'un tiroir qu'on repousse vinrent couvrir les mots de Mærcy et firent perdre à Edæn le fil de la conversation. Avait-elle manqué quelque chose de crucial ? Comment savoir ? De rage, elle se mordit la lèvre et dû se retenir de gémir sous le coup de la douleur. Mais ce qu'elle entendit ensuite lui parut complètement insensé.

Ce n'était plus Mærcy, mais Frænd qui s'exprimait à présent. Au ton qu'il avait adopté et à sa manière inhabituelle d'articuler, Edæn comprit qu'il lisait à voix haute.

Où sont passées mes forces ? Ces maudites jambes n'arrivent plus à me porter… Qui croirait que j'ai été un bel homme autrefois… Maintenant, qui voudrait me parler ? Personne. Les gens n'aiment pas voir la vieillesse… Même moi, je détourne la tête pour éviter de croiser mon reflet dans les vitrines… Quand l'envie s'en va, il faudrait que la vie s'en aille aussi…

Après sa lecture, Frænd resta muet un long moment, au point qu'Edæn se demanda si Mærcy était toujours dans la pièce avec lui.

— Je ne comprends pas bien, dit-il enfin. Que dois-je faire maintenant ?

— Ne t'inquiète pas, dit Mærcy. Tu sauras quoi faire là-bas, aie confiance.

Il y avait de la tendresse dans sa voix.

— Il faut partir à présent, ajouta-t-il.

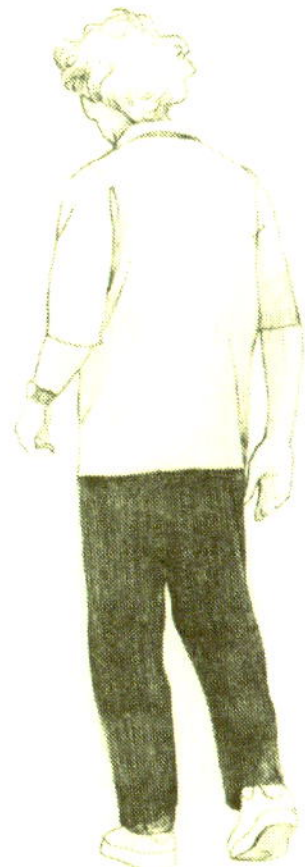

19
Friend

— *Friend ?*

Inquiet, le grand type blond se penche sur le vieillard. Il ne sait pas s'il doit s'adresser à lui en anglais ou en français ; dans cette ville, tant de langues se mélangent. Il lui tend la main et répète :

— *Are you OK ?* Ça va ?

En découvrant cet homme âgé étendu sur le sol, il vient d'être brusquement arraché à sa rêverie. Sans qu'il comprenne pourquoi, quelque chose tout à coup s'est transformé en lui, sa vision a changé d'angle. Comme si, le temps d'un battement de cils, il était parti ailleurs ; comme s'il revenait de très loin, avec la sensation de n'être plus le même.

Le vieux attrape la main tendue et se relève péniblement.

— Merci, mon gars.

— Rien de cassé au moins ?

— Non, non. Plus de peur que de mal.

Ils ramassent ensemble les affaires qui se sont répandues sur le sol et les remettent dans le caddie.

— Voilà, tout y est, il me semble, dit le grand aux cheveux couleur paille. Vous êtes sûr que ça va aller, hein ?

— Sûr, ne vous en faites pas.

D'une main tremblante, il rajuste son chapeau en prenant soin de l'incliner légèrement vers l'avant.

— Quel style, on croirait voir Léonard Cohen ! siffle le grand type, admiratif.

— Hallelujah ! fait le vieux, d'un air entendu. Vous appréciez ce chanteur ?

— Lui et des tas d'autres. En fait, j'aime tous les styles de musiques, je suis marchand de disque. Et surtout collectionneur. Sale manie ! Si vous voyiez mes étagères, j'ai plus de trois mille disques à la maison.

— Vraiment ? Mais qu'est-ce qu'on fait avec tout ça ? Vous les avez déjà tous écoutés ?

— Oh non, bien sûr, c'est juste pour la frime !

Ils rient tous les deux.

— Vous allez de quel côté ? demande le grand. On peut faire quelques pas ensemble si ça vous dit.

— Avec plaisir.

— Vous habitez dans le coin ?

— Rue Rigaud, en face de la station de métro Sherbrooke. C'est pas vraiment la campagne, mais c'est pratique, y a tous les commerces autour.

Les deux hommes poursuivent leur conversation badine jusqu'à l'angle de Saint-Denis et s'arrêtent au pied de l'édifice.

— Merci pour la causette, dit le vieillard l'air sincèrement heureux, c'était bien agréable.

— Avec plaisir, l'ami. Et si vous cherchez un disque de musique qui fait remuer le popotin, j'ai ce qu'il vous faut en magasin !

Le vieux rigole.

— Alors salut *friend*, dit-il.

L'autre le regarde, étonné.

— Comment savez-vous que je m'appelle Fred ?

— Non, je disais juste « *friend* » pour dire « ami », vous voyez ? Comme vous, tout à l'heure. Désolé, mon accent anglais n'est pas terrible.

— Haha ! Mais oui, bien sûr ! Salut *friend* !

Le sourire reste sur les lèvres du vieil homme longtemps après que le grand type soit parti.

20
La colère du colosse

Edæn était restée ainsi, immobile, n'osant pas même remuer un orteil, de peur que Frænd et Mærcy ne s'aperçoivent de sa présence. Elle avait attendu encore longtemps après qu'ils étaient partis pour sortir de sa cachette.

Ses mains tremblaient quand elle rejoignit les autres dans la salle commune. Était-ce le travail dans la trappe ou ce qu'elle venait d'entendre qui la mettait dans un tel état ? Elle craignait que ces tressaillements ne trahissent son trouble. Comme personne ne semblait rien remarquer, elle choisit de ne rien dire, s'exhortant à ne pas agir dans la précipitation.

La petite communauté avait déjà entamé le repas, Edæn prit place et mangea en silence. Dæmon était absent. Depuis la disparition de son ami Clæment, on ne le voyait plus guère ; il restait à l'écart pour soigner son chagrin et, bien sûr, chacun respectait son désir de solitude.

Edæn ne fut pas surprise de constater que Frænd et Mærcy n'étaient pas là non plus. L'homme en costume ne les rejoignit qu'au moment du dessert. Quand il passa près d'elle, il lui adressa un petit signe amical qu'elle n'eut pas la force de lui rendre. Elle remarqua que le bas de son pantalon était mouillé. Un scénario se dessinait peu à peu dans sa tête. Tout le temps qui suivit, elle se rongea les sangs pour trouver comment dire ce qu'elle savait. Fallait-il interpeller Mærcy devant les autres, et avouer du même coup qu'elle l'avait épié, ou au contraire attendre d'être seule avec lui ? Le moment était-il venu d'ouvrir la malle pour montrer à tous qu'elle était vide ? Tiraillée entre bravoure et lâcheté, elle prit le parti de se taire et, pour ne rien laisser voir de son désarroi, elle commença à débarrasser la table.

Espæranza finit par s'apercevoir de l'absence de son ami.

— Quelqu'un sait où est Frænd ? demanda-t-elle.

Edæn se tourna vers Mærcy qui continuait à manger sans lever le nez de son assiette. Elle sentit une boule se former dans sa gorge.

— Il n'est pas dans son appartement ? dit Crystæl.

Edæn eut l'impression que la vieille dame la fixait. Savait-elle quelque chose ? L'avait-elle vue sortir de la trappe ? Ses mains s'étaient remises à trembler. Elle prit une profondément inspiration.

— Je crois que tu le sais, toi, Mærcy.

L'homme en costume avala encore une bouchée avant de répondre.

— Non, je ne sais pas où il est en ce moment. Pourquoi dis-tu ça, Edæn ?

— Eh bien, parce que…

— Si, tu sais ! tonna une voix dans leur dos.

Tous les visages se tournèrent. Dæmon se tenait dans l'entrée. Ses vêtements étaient trempés. Il repoussa les tentures avec fureur et s'avança vers Mærcy, l'air menaçant.

— C'est toi qui l'as chassé.

Mærcy eut un mouvement de recul.

— Non, Dæmon, tu te trompes.

— Pourquoi dis-tu ça ? intervint Crystæl.

— Je les ai vus quand ils descendaient vers la falaise. Je les ai suivis, de loin, pour pas qu'ils sachent, mais après je les ai perdus et je me suis perdu aussi.

— C'est vrai, Mærcy, tu es allé à la falaise ? s'étonna Mæl.

— Oui c'est vrai ! s'emporta Dæmon avant que l'autre ait pu répondre. Tu lui as dit de partir ! Et à Clæment aussi, j'en suis sûr.

— Attends, Dæmon, laisse-moi t'expliquer, dit Mærcy.

Mais le géant n'attendit pas : de rage, il se frappa la tête contre le mur de cristal, provoquant une énorme vibration dans toute la structure.

— Pourquoi tu nous fais partir ? rugit-il. C'est pour qu'on est puni, c'est ça ?

— Oh… mais non ! dit Mærcy qui paraissait sincèrement navré.

— Si, c'est pour qu'on est puni, je le sais ! Quand tu as dit à Hæven qu'il devait s'en aller, j'étais dans la crique moi aussi. Vous étiez loin, un peu, mais j'ai entendu quand même. Tu as dit qu'il devait partir parce qu'il avait lu un message.

— C'est vrai, reconnut Mærcy, mais…

— Oui, c'est vrai ! le coupa Dæmon. Mais tu sais même pas c'est pourquoi qu'il a fait ça ! Moi je sais, c'était pas pour être méchant. Il l'a lu, et puis il l'a mis dans sa poche. Parce que c'était pas pour lui, tu comprends ? C'était pour Edæn ! Il voulait lui faire un cadeau pour plus qu'elle soit fâchée.

La nouvelle eut l'effet d'un coup de poing, Edæn dut se retenir pour ne pas tomber. Comme Crystæl s'avançait pour la soutenir, elle la repoussa et sortit en courant.

*

Après le départ d'Edæn, l'atmosphère s'était un peu radoucie. Mærcy avait confirmé que Frænd s'en était allé, qu'il ne l'avait pas chassé ni forcé à quoi que ce soit, mais que son tour était simplement venu et, bien sûr, il n'aurait su dire où il se trouvait à présent. Il avait longuement expliqué les choses, s'était entretenu en tête à tête avec Dæmon et le colosse avait fini par retrouver son calme.

Ils étaient les derniers encore debout quand Mæl revint vers eux, l'air inquiet :

— J'ai remarqué quelque chose. Nous avons un souci avec la cheminée, dit-elle. Regardez là-haut, plusieurs carreaux sont sur le point de se détacher.

Sous l'impact du coup de tête de Dæmon, la vibration avait descellé des blocs de verre et créé une brèche dans les hauteurs. Il fallait d'urgence effectuer des réparations avant que la structure entière ne soit mise en péril. Ils entamèrent aussitôt le travail. Il fut convenu que Dæmon manipulerait la nacelle tandis que Mærcy et Mæl se chargeraient des réfections.

*

Sans rien savoir de ce qui se jouait au-dehors, Edæn tournait en rond dans sa chambre. Les mots de Dæmon lui déchirait le cœur : Hæven avait été contraint de partir parce qu'il voulait lui faire un cadeau ! Cette révélation pesait comme un bloc de glace sur sa poitrine. Elle en venait à souhaiter quitter cet endroit elle aussi, même si l'idée la terrifiait.

Une chose la tenait encore debout : si la malle était vide, où Mærcy cachait-il les messages ? Et de quel droit les gardait-il pour lui seul ? Sous prétexte qu'il était le plus ancien de l'île ? Edæn était résolue à les trouver, dut-elle pour cela affronter l'homme en costume. Qu'avait-elle à y perdre ?

Plus rien. Elle savait que le temps était venu pour elle de se défaire des freins qui la retenaient.

Ce furent des échanges très vifs qui l'incitèrent à aller voir ce qui se passait dans la salle commune. Elle enfila son manteau et sortit. Dæmon, les mains en porte-voix, s'adressait à Mæl et Mærcy, perchés dans la nacelle. Edæn comprit très vite qu'il ne s'agissait plus d'une dispute : quelque chose en rapport avec la cheminée semblait les préoccuper.

Une idée surgit aussitôt, – fallait-il prendre cela comme coup de pouce du destin ? – c'était sans doute le moment où jamais d'aller chercher des réponses. Monter sur l'estrade et soupeser la grande malle ? Non, il y avait mieux à faire encore : fouiller le logement de Mærcy pour retrouver les messages. L'occasion ne se présenterait pas deux fois, elle devait se décider, et vite.

Elle se lança.

L'appartement de Mærcy se trouvait à l'extrémité de l'arc formé par le croissant de roche. À la faveur de la nuit, elle se glissa le long de la galerie. Son cœur battait la chamade, ses mains étaient moites d'excitation. Que ferait-elle si la porte était verrouillée ? Elle n'avait pas envisagé ce cas de figure. Elle fut soulagée lorsque celle-ci s'ouvrit d'une simple pression des doigts.

L'intérieur était assez semblable à sa propre habitation, le même nombre de pièces agrémentées d'un mobilier fonctionnel. Des niches aménagées dans les murs accueillaient quantité d'objets témoignant d'un long temps passé sur l'île. Des lanternes suspendues au plafond diffusaient une faible lumière, une chance pour Edæn qui avait redouté de devoir se déplacer dans le noir.

Sachant que Mærcy pouvait rentrer à tout moment, elle entreprit de fouiller les lieux avec application et méthode. Dans la chambre à coucher, elle trouva une grande tringle sur laquelle étaient accrochés de nombreux costumes, tous identiques, impeccablement rangés. En les manipulant, il lui sembla voir sur le mur une zone plus sombre que les lampes n'éclairaient pas. Elle s'avança à tâtons : il y avait une ouverture dissimulée derrière le linge. Elle s'y engouffra.

*

C'était un espace étroit au plafond bas, chichement garni d'une chaise et d'un petit bureau ; il n'y avait là ni étagères ni aménagement particulier. Sur la table de travail, une sorte de carte, dont on voyait à l'usure du papier qu'elle avait été souvent manipulée – une règle, un compas et quelques crayons bien taillés.

Edæn fut très déçue. Elle était pourtant convaincue d'avoir déniché la cachette de Mærcy. *Il y a forcément des choses à découvrir ici !* se dit-elle. Elle s'appliqua à observer le réduit dans ses moindres détails, chercha sous le bureau, sous la chaise, scruta le plafond ; elle passa la paume de la main sur les murs à la recherche d'une aspérité, d'un mécanisme qui ferait apparaître une porte dissimulée ; mais rien, absolument rien, cet endroit ne présentait aucun intérêt.

Elle allait repartir quand son attention se porta sur la carte. À bien y regarder, ce n'était pas exactement un plan, mais plutôt une sorte de schéma constitué de diagrammes et de symboles mystérieux ; des flèches reliaient différents points, faisaient des liens vers des formules complexes, et finissaient toutes par aboutir au même endroit, où était écrit un mot : Dæmon.

Le prénom lui sauta aux yeux. Comment ne l'avait-elle pas vu plus tôt ? Bien sûr ! C'était lui qui serait le prochain à disparaître ! Il fallait à tout prix l'avertir. Edæn bondit hors de la pièce et traversa l'appartement. Puis, elle se ravisa : n'avait-elle rien oublié, rien dérangé qui puisse alerter Mærcy ? Elle fit demi-tour. Dans la chambre à coucher, elle replaça les costumes sur la tringle exactement comme elle les avait trouvés, inspecta rapidement les alentours et sortit.

Elle n'avait pas fait trois pas au-dehors quand elle vit la silhouette qui s'approchait. Elle sentit monter la panique : que faire ? Partir dans l'autre direction ? Impossible, à quelques mètres, la galerie se terminait sur une roche verticale. Edæn fit volte-face et retourna dans l'appartement. Elle se savait prise au piège, les pièces en enfilade ne lui permettraient pas de quitter les lieux sans être vue. Se cacher sous le lit ? Dans la salle de bain ? À quoi bon ? Si Mærcy la trouvait là, ce serait pire encore. Il valait mieux l'affronter, une fois pour toutes.

Les poings sur les hanches, le corps tendu, Edæn attendit.

L'éclat de la lune découpait distinctement le contour de celle qui apparut dans l'encadrement de la porte.

— Crystæl ? Oh, bon sang ! Si tu savais comme je suis soulagée que ce soit toi !

— Edæn ? Mais qu'est-ce que tu fais là ?

— Vite ! Il faut que je te montre, dit la jeune fille en saisissant son amie par le bras. J'ai trouvé une sorte de plan avec le nom de Dæmon écrit dessus. C'est lui qui sera le prochain à disparaître, j'en suis sûre ! Nous devons l'avertir !

— Pourquoi ? dit Crystæl.

Edæn resta interloquée.

— Pourquoi l'avertir ? répéta posément la vieille dame. Si son tour est venu, il l'apprendra de toute façon, inutile de l'inquiéter, ne penses-tu pas ?

Elles se dévisagèrent. L'atmosphère s'était chargée d'une tension palpable. Edæn réalisa qu'elle ne savait pas pourquoi Crystæl se trouvait-là elle aussi. Soudain, la réponse jaillit telle une évidence.

— Tu es au courant de tout !

L'adolescente eut un brusque mouvement de recul. Surprise, Crystæl laissa s'échapper quelque chose qu'elle gardait sous son manteau. Un papier. Couvert d'écriture. Edæn écarquilla les yeux.

— C'est toi ? C'est donc toi qui caches les messages !

Crystæl la fixait avec une étrange lueur de défi.

Edæn s'avança. Ramassa le feuillet – était-ce un sourire sur les lèvres de la vieille dame ? – et s'enfuit dans la nuit.

21
Voleuse

Edæn fuyait, filait, fonçait sur la crête de la colline, sans savoir où elle allait. Elle était partie sur un coup de tête, sans gants, sans écharpe et, malgré sa course effrénée, elle sentait déjà l'engourdissement la gagner. Ses pensées s'affolaient : *Que comptes-tu faire maintenant ? T'enfuir, mais pour aller où ? Il n'y a pas d'échappatoire sur une île, y as-tu songé, Edæn ? Et ce message, pourquoi l'as-tu volé ? Que comptes-tu en faire ? Que vas-tu faire ? Que vas-tu faire...*

Edæn ne se reconnaissait plus. En courant, elle revoyait les événements qui l'avaient conduite à commettre l'irréparable. Tout s'était précipité, tout était allé si vite, trop vite.

Elle s'en voulait terriblement, mais il était trop tard pour faire marche arrière – était-ce vraiment elle qui avait agi ainsi ? – Crystæl ne pourrait jamais lui pardonner son geste. Et que ferait Mærcy ? Et les autres, comment pourraient-ils encore accepter parmi eux la présence d'une voleuse ?

« Vol ! Vol ! Vol ! Vol ! » faisaient ses bottes en s'enfonçant dans la neige. « Voici la voleuse ! » semblaient dire les yeux tristes de la lune. « Vo-leuse ! Vo-leuse ! » faisait sa respiration tandis qu'elle courait à perdre haleine.

Elle s'arrêta, à bout de souffle. Les mains sur les cuisses, pliée en deux par l'effort, elle aspirait de l'air à s'en soûler ; un air si glacé qu'il faisait mal aux dents, tellement piquant qu'elle en était étourdie. Elle savait qu'il fallait continuer à bouger pour ne pas succomber à l'appel de la fatigue, car s'endormir dans un froid pareil signifiait mourir. C'était pourtant tentant : s'étendre là, sur ce matelas de neige si accueillant, si moelleux sans doute, et s'enfoncer peu à peu dans le sommeil, un sommeil éternel…

Et puis non, ce serait trop facile ! Mourir avant d'avoir compris le secret de cette île ? Avant même d'avoir pu lire le moindre message de détresse ? Sûrement pas !

Elle serrait contre sa poitrine le feuillet qu'elle avait dérobé. Mærcy et Crystæl avaient voulu les garder pour eux seuls ! Eh bien cette fois, ça ne se passerait pas comme ça.

Edæn sentit que la rage lui redonnait des forces, elle se redressa. *Il faut que je lise ce message*, se dit-elle. *Mais avant, je dois trouver un abri pour m'y reposer un peu.* Ivre de fatigue, elle quitta le sommet et descendit vers l'inconnu.

*

Le givre s'était déposé sur ses cils. Elle n'y voyait plus clair. Elle marchait mécaniquement, la tête vide, le corps entier meurtri par l'effort. Régulièrement, elle trébuchait, butait sur un caillou que la neige avait dissimulé. Derrière le bruit de ses pas et le martèlement de son cœur, il lui semblait entendre le lointain ressac de la mer. Elle s'arrêta, leva les yeux. Les étoiles tournoyaient dans une valse lente. *Voilà*, se dit-elle, *cette fois c'est fini. Je n'ai plus la force d'avancer, je n'irai pas plus loin.* Alors elle prit le feuillet entre ses doigts bleuis et le lut :

… Je n'en peux plus, j'étouffe, je ne parviens plus à respirer. Cette foutue maladie m'assèche les poumons. De jour en jour, c'est plus difficile. Chaque geste est un effort, chaque parole une concession. Quand on veut me faire la conversation, je mets tellement de temps à répondre qu'on répond à ma place ou qu'on passe à autre chose pour chasser le malaise qui s'installe. Mes silences sont si longs qu'ils en deviennent gênants.

Je ne devrais pas me plaindre, je suis entouré. On prend soin de moi, on me sourit, on me cajole. Mais parfois, je préférerais être seul. La vitalité des autres m'humilie, leur gentillesse autant que leur pitié m'indisposent. Leur joie, leur insouciance me rendent heureux et me font mal en même temps. J'aimerais tant pouvoir briller dans les yeux de ma femme, de mes enfants. Je voudrais qu'ils soient fiers de moi et non pas inquiets pour moi. Je voudrais être vaillant, intrépide, extraordinaire. Je suis chétif et souffreteux.

Les regards qu'on m'adresse sont pleins de compassion. On ne me voit plus qu'à travers cette maladie. Je ne suis plus moi, je suis ce type à la peau grise, au visage osseux, ce demi-vivant, ce presque mort. Oui, presque mort, mais pas tout à fait. Et c'est bien ça le plus terrible : n'être plus là qu'à moitié. Je ne pèse plus très lourd, pourtant je suis un poids. « Tenez bon, me disent les médecins, ne baissez pas les bras. La science progresse chaque jour. Si vous vous battez, nous pourrons vous aider à vivre encore des années. Et entre-temps, de nouvelles techniques auront été mises au point pour vous soigner. »

Tenir, oui… Mais à quoi bon ? Au-delà de la force, c'est la volonté qui me manque. Je ne veux pas d'une demi-vie. Je veux la vie pleine, des jours remplis de joie, gonflés d'espoirs.

À mesure qu'elle lisait, Edæn voyait les mots s'effacer du papier, comme si les pensées qu'ils traduisaient quittaient l'une après l'autre le feuillet pour venir se loger dans son âme, s'incruster dans son cœur.

Lorsqu'elle acheva sa lecture, son corps était fragile comme du cristal. Oui, précisément, du cristal. La chanson de Græce lui revint en tête : « … soulager la détresse de nos vies en verre. »

À l'intérieur elle vibrait, brûlait d'émotion, mais en vérité, elle n'était plus qu'une statue de glace, incapable du moindre mouvement. Maintenant, le papier entre ses doigts était blanc, vide, immaculé. Quand le vent l'emporta, Edæn ne put le retenir ; si elle avait fait un seul pas, sans doute se serait-elle brisée en mille éclats scintillants. Elle se tenait debout, les deux pieds enfoncés dans la neige qui lui montait jusqu'aux genoux, avec le cœur encore lourd, mais sereine, apaisée finalement. *Ce n'est que ça, mourir ? Alors je n'ai pas peur.*

Et tandis qu'elle fermait les yeux, elle sentit un souffle déposer sur son visage de petits baisers glacés. Les baisers de ceux qu'elle avait aimés sur cette île. Le premier, sur sa bouche, était celui d'Hæven, le second qui lui chatouilla le nez, celui de Clæment, et le suivant, sur son front, un baiser si puissant qu'elle en tomba à la renverse, c'était le baiser de Dæmon évidemment.

22
L'apparition

« Fra-casse ! Fra-casse ! Fra-casse ! » hurlent les adolescents attroupés dans la cour. Fracasse, c'est comme ça qu'on surnomme le géant qui se contorsionne au milieu du cercle, aux prises avec deux gaillards. Il tient leurs têtes serrées entre ses bras puissants. Les deux autres pestent, crachent et se débattent en vain. Tout le monde a peur de Fracasse. C'est un sauvage. Dans cet établissement de toute façon, les jeunes sont tous violents, garçons et filles, sans distinction. Ils sont un peu hors-normes, un peu bizarres, toujours prompts à la bagarre. Ce sont des caractériels, comme disent les éducateurs. Alors, ils en viennent aux mains – c'est ainsi qu'on s'arrange quand on n'est pas capable de s'expliquer autrement. Dans ce genre d'endroit où la parole fait souvent défaut, c'est la brutalité qui a le dernier mot. Elle couve dans les poings serrés, dans les cœurs meurtris ; elle est là, prête à surgir à tout instant, soudaine, crue, insensée. Terrifiante. Et celui qui remporte la palme des terreurs c'est Fracasse. Il faut dire qu'il a de quoi impressionner : il dépasse d'une tête tous les adultes de l'école ; son corps est massif, musculeux et, bien que son visage juvénile trahisse son âge, il a le physique d'un catcheur aguerri. Et puis, il a la réputation de toujours « fracasser » ceux qui l'affrontent.

— Vas-y Fracasse, pète leur sa gueule ! crie un petit rouquin avec une tache sur le nez.

Le géant resserre encore sa prise.

— Arrête ! gémit l'une de ses deux victimes au bord de l'évanouissement.

Mais le colosse ne bronche pas. Il reste là, impassible. On dirait que maintenir ces deux garçons sous son emprise ne lui demande aucun effort ; il a presque l'air absent, son attention est ailleurs. Son regard se glisse à travers bras et jambes, par-delà la mêlée qui l'entoure.

Sur le trottoir, derrière la grille, une femme chante. Elle porte une robe à motifs de couleurs vives qui jaillissent en feu d'artifice sur ses courbes généreuses. Les yeux fermés, elle sourit. Fracasse l'écoute, sa voix est un peu lointaine à cause du chahut, mais il voit son corps onduler au rythme de ses mots. Ses mouvements sont pleins de grâce. Il se demande pourquoi cette femme fait ça, il trouve ça étrange de se mettre à chanter en pleine rue. Étrange et beau en même temps. Ça lui donne le frisson, au géant.

Puis, d'un seul coup, la chanteuse n'est plus là. Était-ce un rêve ? Le grand costaud cligne des yeux. Ça ne dure pas plus d'un quart de seconde, le temps d'un battement de cils, mais l'instant d'après, son visage n'est plus tout à fait pareil. Il regarde à nouveau en direction de la grille, ne voit personne. Il entend encore le chant, mais ce n'est plus qu'un écho dans sa tête.

À la surprise générale, il lâche ses proies, se relève et s'éloigne. Dans son dos, quelques huées de déception retentissent puis le groupe se disperse rapidement. Fracasse s'approche de la barrière. Le petit rouquin très excité le rattrape.

— Hé ! Pourquoi tu les as laissés partir ? Fallait les achever !

Le géant ne lui adresse pas un regard, mais le gamin insiste :

— Pourquoi tu les as pas fracassés cette fois ?

Fracasse soupire.

— Je veux plus me battre.

— T'as peur de perdre ?

— Non.

— Moi, si j'étais fort comme toi, je cognerais tout le monde !

— J'ai plus envie d'avoir de mauvaises notes en comportation.

— En comportation ? s'exclame l'autre. En comportement, qu'on dit, tête de nul !

— Ouais, c'est pareil, j'ai plus envie.

— T'as peur de te faire engueuler ou quoi ?

— Non.

— Alors, c'est quoi ?

Fracasse ne répond pas. Les deux adolescents restent un moment devant la grille à observer les passants. Puis le rouquin finit par demander :

— T'as peur que tout le monde soit plus ton copain ?

— Un peu.

Le gamin lui tourne le dos, l'air déçu.

— En fait, t'es pas un vrai méchant, toi !

Fracasse regarde ses pieds.

— Non, dit-il pour lui-même. Maintenant, je suis gentil.

Une fenêtre s'ouvre à l'étage. D'un ton las, un éducateur interpelle le colosse depuis son bureau :

— Desmond ! Monte me voir, j'ai deux mots à te dire !

23
Une chose que tu dois savoir

Edæn ouvrit les yeux. Une goutte d'eau s'était décrochée du plafond de roche et avait atterri sur sa joue. La jeune fille se redressa péniblement, une douleur sourde courait dans ses membres. Elle fut surprise de voir qu'il ne faisait pas noir, une aube timide commençait à poindre.

— La saison claire reviendra bientôt, déclara l'homme, comme s'il avait lu dans ses pensées.

Edæn sursauta. Mærcy était assis à côté d'elle. Elle essaya de se lever mais retomba sur son séant : sa longue léthargie dans la neige avait consumé toutes ses forces.

— Tout doux, dit-il. Reste tranquille, tout va bien.

Ils se trouvaient dans la grotte du premier plateau. Mærcy avait fait du feu avec des restes de bois mort laissés là lors de leur ascension. Edæn réalisa que la colère qui l'animait au moment de sa fuite s'était tue. Ne subsistait qu'une étrange sensation de vide.

— Tiens, dit-il, en lui tendant un morceau de pain. Tu dois être affamée.

Une foule de questions se bousculait dans la tête de l'adolescente, mais elle peinait à surmonter l'embarras qui retenait ses mots.

— Comment m'as-tu retrouvée ? finit-elle par lâcher.

— Ça n'a pas été simple, admit Mærcy. J'étais persuadé que tu irais à la falaise et je suis parti dans cette direction. Seulement, j'ai vite perdu ta trace, alors j'ai fait demi-tour et j'ai emprunté cette piste. En descendant, j'ai trébuché sur un petit monticule de neige. C'était toi. Comme nous étions loin du village d'en haut, je t'ai amenée ici ; c'était le meilleur endroit pour s'abriter en attendant que tu retrouves des forces.

Edæn regarda ses doigts rougis par le froid.

— Je suppose que Crystæl t'a raconté ce qui s'est passé. Elle t'a dit que j'avais volé un message ?

— Tu l'as pris, Edæn, ce n'était pas du vol. Il t'était destiné de toute façon et nous voulions que les choses se déroulent ainsi, nous avons tout fait pour te pousser à ça. C'était indispensable, vois-tu ? Pour que tu dépasses certaines craintes, que tu franchisses un cap, que tu grandisses. En tant qu'être humain, je veux dire.

— Je ne suis pas sûre de bien comprendre, avoua Edæn.

Elle fixait sur lui un regard perdu, l'incitant à poursuive. Mærcy se mit debout et défroissa son costume.

— Tu te sens capable de marcher ?

Elle saisit la main qu'il lui tendait et ils firent quelques pas vers l'entrée de la grotte.

— Il y a une chose que tu dois savoir, Edæn, une chose dont tu peux être absolument certaine : Crystæl et moi, nous ne voulons que ton bien. Tu n'as pas mal agi en prenant ce feuillet, tu as osé suivre ta voie, et c'est ce que nous espérions.

Edæn fixa l'horizon un moment, elle cherchait à mettre de l'ordre dans ses pensées.

— En fait, vous saviez tout depuis le début… Elle et toi, vous n'avez jamais été de nouveaux arrivants, n'est-ce pas ?

— C'est vrai, reconnut Mærcy. Je dirais que nous sommes des aiguilleurs : nous essayons de guider ceux que nous accueillons sur l'île vers des détresses qui leur correspondent, qui touchent leur sensibilité, et auxquelles ils seront capables de répondre plus tard, en fonction de leur personnalité. C'est pourquoi le choix est si difficile à faire.

— Mais alors, cette histoire de messages qui brûlent et deviennent des étoiles, c'était juste un mensonge ?

— Non, à la fin de la saison obscure, nous les brûlons vraiment ! Sauf ceux qui sont choisis par Crystæl, évidemment.

— Mais pourquoi ? Pourquoi est-elle la seule qui choisit ?

— Pour une raison très simple : chaque message influence à jamais celui qui le lit – tu en as fait l'expérience, je sais que tu comprends ce que je veux dire –, vous ne pouvez donc pas les lire tous, ni même en lire plusieurs. C'est à Crystæl qu'il revient de choisir pour chacun. Moi, je l'aide à concrétiser les choses. Et ce n'est pas toujours facile ! Nous devons parfois user de toute sorte de stratagèmes. Comme dans ton cas. Ou dans celui d'Hæven. Le feuillet qu'il avait dérobé ne s'est pas retrouvé dans ses mains par hasard.

— Tu savais qu'il allait agir ainsi ?

— Crystæl lui destinait ce message depuis longtemps. Il a fallu faire preuve d'astuces pour qu'il choisisse cette bouteille-là parmi tant d'autres.

— Tout de même, soupira Edæn en se mordillant la joue, pourquoi faire tant de mystères ? J'aurais aimé savoir ces choses dès mon arrivée sur l'île.

— Je te comprends. Mais ces mystères justement sont indispensables pour que chacun découvre sa nature profonde. Quand tu repartiras, tu ne seras plus tout à fait pareille, Edæn. L'expérience de l'île t'aura transformée. Un peu.

Ils sourirent à l'évocation de cette formule propre à Dæmon.

— Ça veut dire que je suis quelqu'un d'autre ailleurs, dans un autre monde, c'est ça ?

Mærcy acquiesça.

— Et chaque être humain vient ici un jour ?

— Non, chacun passe par… cette expérience. Simplement, cet endroit n'a pas toujours l'apparence d'une île. Et je ne suis pas toujours tel que tu me vois. Ce que tu as vécu, d'une certaine manière, c'est toi qui l'as conçu. Mais il y a des cercles de correspondances : ceux que tu as rencontrés font partie de ton univers dans l'autre monde, et tu fais partie du leur, probablement sans le savoir.

— Au fond, tout ceci n'est qu'un rêve !

— Pas exactement. Plutôt… un autre état de conscience.

Des oiseaux passèrent au-dessus d'eux. Leur bec orange se détachait nettement sur le bleu profond du ciel, Edæn les observa. Elle n'était pas sûre de bien saisir ce qu'elle venait d'entendre. Elle songea à la détresse de cet homme dont elle avait lu le message et elle se demanda si elle serait capable de l'aider. À nouveau, Mærcy répondit à ses doutes sans qu'elle ait à les exprimer :

— Il suffit parfois d'un regard pour sauver quelqu'un, tu sais. Quelques mots sincères qui apportent du réconfort. D'autres fois, c'est une vie entière consacrée à secourir. Parfois aussi, on vient ici pour se sauver soi-même ; chacun fait ce qu'il peut. Et toi, Edæn, tu es pleine de ressources, je suis convaincu que tu trouveras le moyen d'aider cette personne. Tu partages le poids de sa détresse dorénavant. Mais quand tu l'auras retrouvée, tu te sentiras plus légère, je te le promets.

Le vent s'était mis à souffler. Au loin, la mer faisait danser ses vagues. Edæn frissonna. Elle savait qu'il allait falloir partir.

*

Ils descendirent la colline. Le sentier était glissant, la neige s'était mise à fondre. Edæn se sentait toujours faible, mais elle se doutait que cette langueur était due autant à la crainte de l'épreuve qui l'attendait qu'à sa marche dans le froid.

— Comment fait-on pour partir d'ici ? demande-t-elle.

— On part comme on est venu, répondit Mærcy sans autre explication.

Ils atteignirent bientôt les escaliers rouges. En contrebas, Edæn aperçut la forêt engloutie. Seules les pointes des arbres, ballottées par les vagues dépassaient de la surface de l'eau. À leur vue, le souvenir d'Hæven resurgit, comme une bulle d'air remontée des profondeurs. « Je suis le prince des cimes ! » criait-il, fier et heureux. Elle se remémora le contact de son torse, la chaleur de sa peau, la force de ses bras qui l'avaient rattrapée au moment où elle allait tomber. Il lui semblait qu'une éternité s'était écoulée depuis. Elle espérait revivre quelque chose d'aussi beau et d'aussi fort dans le monde qu'elle allait rejoindre.

Quand ils atteignirent les dernières marches où la houle affleurait, ils s'arrêtèrent pour ôter leurs bottes. À quelques mètres de là, Edæn aperçut une petite tache bleue parmi les branches émergées.

— Qu'est-ce que c'est ? demanda-t-elle en la pointant du doigt.

— Aucune idée.

Mærcy fut le premier à mettre les pieds dans l'eau.

— Elle n'est pas si froide, dit-il.

Il retroussait le bas de son pantalon quand une vague plus forte l'éclaboussa jusqu'à la taille.

— Mince alors ! dit-il d'un air ridicule pour détendre l'atmosphère.

Comme Edæn ne bougeait pas, il revint près d'elle.

— Tu as peur ?

— Beaucoup.

L'adolescente grelottait. Mærcy la prit dans ses bras et la serra tendrement, comme un père. Elle sentit sa chaleur irradier son corps à travers son costume et cela lui fit du bien. Il lui sembla que ça faisait si longtemps, oui si longtemps, qu'elle attendait sans le savoir ce contact rassurant. Ils restèrent un moment sans bouger. Puis, elle leva les yeux vers lui.

— J'y vais, maintenant.

Il hocha la tête.

— Bonne chance, Sirène.

Une vague vint lui lécher les orteils. Elle n'était pas si froide, effectivement. Alors Edæn plongea.

*

Elle dut se frayer un passage à travers les cimes des grands arbres pour rejoindre la haute mer. L'eau était claire à cet endroit et, malgré la pénombre, elle pouvait voir en dessous d'elle les branches agitées par les courants. C'était curieux, cette sensation de nager au milieu d'une forêt. Elle sentit que la marée l'entraînait vers le large et bientôt elle n'eut plus à faire de mouvement pour s'éloigner de l'île.

Plus loin, elle se retourna et aperçut Mærcy qui lui faisait signe. Il criait quelque chose, mais la distance était trop grande pour qu'elle puisse l'entendre. La tête au ras de l'eau, elle tenta de se maintenir à la verticale pour ajuster sa vue. L'homme en costume tenait à la main une sandale bleue. Elle finit par deviner ce qu'il disait : « Je l'ai retrouvée ! » Edæn sourit.

Puis, courageusement, elle ferma les yeux et se laissa descendre. Comme dans ses rêves, l'eau salée pénétra dans sa bouche et son nez, envahit ses poumons. Ensuite, Edæn disparut au fond de l'océan.

24
8 heures 12 minutes 37 secondes

L'adolescente rouvre les yeux. Il y a toujours dans l'air cette odeur d'océan, une sensation étrange, comme un léger décalage avec la réalité. En face, la rue de Lille est silencieuse. D'où vient cette impression que quelque chose a changé ? Hélène se sent soudain plus grave, lestée d'une charge. Ce n'est pas de la tristesse, plutôt une profondeur qu'elle ne se connaissait pas. Il y a maintenant cette volonté nouvelle qui la pousse. Oui, c'est ça : la volonté de faire… d'être… En fait, elle ne sait pas, mais ce bouleversement lui plaît. *C'est décidé, aujourd'hui sera une belle journée.*

Elle se lève, consulte l'horaire affiché dans l'abri. Le bus suivant ne passe que dans vingt minutes. Tout bien réfléchi, elle va faire le trajet à pied jusqu'à la station de métro. Elle arrivera quand même à temps pour le cours du professeur Rimbaud.

Rue Fleury, elle longe l'hôpital. Elle imagine sa mère accaparée par les soins à donner d'urgence. *Au fond, je suis trop critique*, se dit-elle. *Je l'admire pour ce qu'elle fait, en réalité. Je la trouve courageuse, je devrais le lui dire. Et puis, je devrais sans doute appeler mon père. J'ai envie de le revoir, et qu'il me serre dans ses bras.*

8 heures 47. Hélène entre dans la station Sauvé. Sur le quai, des écrans diffusent des informations en boucle. Une très belle jeune femme à la peau caramel cajole un bébé panda, un oiseau rouge est perché sur son épaule. « Ensemble, sauvons-les, dit le texte qui défile en bas de l'image. Faites un don à Espérance Nature, l'ONG qui prend soin de notre planète ».

Quand le métro arrive, Hélène s'engouffre dans le premier wagon. Il y a du monde. Elle se faufile entre les gens, traverse le compartiment pour trouver un peu d'espace. Un groupe d'enfants bouche le passage, impossible d'avancer plus loin. Elle s'agrippe à la barre. À côté d'elle, un petit garçon se dandine d'un pied sur l'autre tandis que la jeune femme qui l'accompagne – probablement son enseignante –, lui parle avec douceur en souriant avec les yeux.

9 heures 05. Quand Hélène sort de la station Sherbrooke, il y a un attroupement à l'angle de la rue Berri et de la rue Cherrier. Une dame chante, les yeux fermés, comme en état

de grâce. On l'applaudit. Dans le public, un grand type aux cheveux couleur paille s'essuie les yeux, pris par l'émotion.

Hélène traverse. Elle passe devant les fenêtres de l'école qui jouxte la sienne, celle du petit rouquin à la tache de vin. À l'étage, une sorte de géant au visage d'enfant l'observe ; il lui sourit, un peu. Elle lui renvoie son sourire puis franchit la porte de son établissement. Au moment où elle sonne à l'interphone du secrétariat, une bande de garçons déboule en discutant bruyamment. Elle connaît l'un d'eux, elle l'a déjà remarqué dans la cour : ses cheveux noirs, son nez fin, ses yeux très doux. Elle croise son regard. *Décidément, oui,* se dit-elle, *c'est une belle journée.*

Épilogue

D'abord c'est une voix, très mélodieuse, dans le lointain ; une vieille chanson passe à la radio. L'homme écoute, les paupières mi-closes : plafond blanc, odeur de produits pharmaceutiques, il ne sait pas où il est. « *Il y a peut-être une île, ailleurs loin de tout repère, où vont chercher un asile les âmes qui désespèrent…* »

Il écarquille les yeux, ouvre la bouche et prend une grande goulée d'air comme s'il surgissait des flots. Le flux entre dans sa gorge, dans chaque alvéole de ses poumons, et c'est une sensation indicible, un miracle. Depuis combien de temps n'avait-il plus connu cette impression extraordinaire d'être vraiment vivant ? Une éternité. Respirer ainsi, c'est presque naître à nouveau.

Il tourne la tête et regarde autour de lui. De vagues souvenirs font surface. D'une main fébrile, il palpe sa poitrine : il y a un trou, là, un petit creux entre ses côtes. Quelqu'un vient, il entend des pas. Une infirmière se penche sur lui. Elle est si jeune ; peut-être une stagiaire ? Avec un drap humide, elle humecte ses lèvres puis son front, très doucement, en veillant à ne pas toucher les tuyaux qui sortent de ses narines. Elle rapproche la potence à perfusion, vérifie l'écoulement.

— Comment ça va, ce matin ? demande-t-elle.

Plongé dans son sommeil narcotique, il avait oublié les événements des dernières heures ; la longue opération, les souffrances endurées. Il la regarde et essaie de sourire. Il revient de loin, cette greffe est une seconde chance, comme s'il avait gagné la partie et qu'il avait droit à une vie supplémentaire. Son torse se soulève à peine, avec la maladie, il a perdu l'habitude de respirer profondément. L'infirmière s'écarte du lit pour ranger son matériel sur un chariot, elle fredonne l'air qui leur parvient du couloir. Il se souvient d'une conversation qu'ils ont eue quelques jours plus tôt. *Vous verrez, je vais prendre bien soin de vous, avait-elle dit. On va faire ce qu'il faut pour que vous retrouviez des forces et de belles couleurs, n'est-ce pas ?* Ces derniers temps, son visage était devenu gris, presque bleu, par manque d'oxygène.

C'est idiot, il ne parvient pas à se rappeler son prénom. Il se souvient pourtant qu'elle lui a parlé d'elle, de sa mère qui travaille aux urgences et qui lui a inspiré sa propre carrière, de son compagnon rencontré quelques années plus tôt au lycée, et du projet qu'ils ont de se mettre en ménage.

Il se revoit au même âge, en père insouciant conduisant sa petite Cécile à l'école. Puis, l'annonce de la maladie. Les certitudes qui basculent – le destin fait des croche-pieds à certains et offre des cadeaux à d'autres sans que personne ne puisse dire pourquoi. Il fait le vœu pour cette jeune personne d'une vie simple et douce, sans anicroche. Il la trouve admirable d'avoir choisi ce métier si difficile, si généreux ; il le lui a dit l'autre jour.

Il l'observe tandis qu'elle redresse l'oreiller.

— La musique ne vous dérange pas ? demande-t-elle au moment de quitter la chambre.

— Non, ça ira, merci… Désolé, j'ai encore oublié votre prénom.

— Pas de souci, c'est normal, c'est souvent comme ça après une anesthésie. Je m'appelle Hélène, dit-elle en poussant son chariot.

Sa voix est étouffée par le masque qu'elle porte et le bruit des roues qui couinent sur le vinyle.

— Je vais voir mes autres patients. Sonnez si vous avez besoin de quelque chose, d'accord ?

L'homme acquiesce.

— Merci Eden.

Elle se retourne et sourit.

— Hélène. C'est Hélène, mon prénom.

*

Une fois sortie de la chambre stérile, Hélène se débarrasse de son masque et se penche pour ôter les chaussons de plastique bleu qui enveloppent ses sandales. Elle s'aperçoit qu'il lui en manque un ; il est un peu plus loin, à côté du chariot. Elle le ramasse, le jette avec l'autre dans la poubelle et s'éloigne.

Elle se sent légère tout à coup, si légère…

Enfin.

Remerciements

Ce livre a été écrit en bonne partie *sur l'île* de Montréal, grâce à l'invitation du Conseil des arts et des lettres du Québec, en collaboration avec l'Union des Écrivaines et Écrivains québécois, avec le soutien du Service général des lettres et du livre de la Fédération Wallonie Bruxelles et de Wallonie-Bruxelles-International. Un merci particulier à Diane Isabelle, Denise Pelletier, Stéphanie Lemétais, Jean-Sébastien Marsan et Bruno Merckx.

Ce livre a aussi trouvé sa voie *dans le jardin d'Eden* de la famille Ledent, en Poitou-Charentes. Un merci chaleureux à eux tous.

Ce livre ne serait pas arrivé jusqu'à vous sans les conseils précieux de Mélanie Roland, Zoé et Salomé Borbé, Valérie Verstraelen, Dominique et Augustine Morelle, Bénédicte Lacroix, Geneviève Roy, Jasmine et Violette Liens, Sofia Tempesta, Mia Wanat, Sévine Rullier, Nathalie Geubel et Marc Wilmotte. Un merci plein de gratitude à elles et lui.

Ce livre n'existerait pas sans l'infinie patience et l'amour de ma Mimi. Un merci spécial pour elle seule.

Ce livre existe vraiment parce qu'un matin très tôt, tu m'as raconté ton rêve, à la gare de Nessonvaux. Un merci tout ému pour toi, ma grande fille.